Tierbotschaften für dich
Jessica Vogt

Bibliografische Information der Deutschen Nationalbibliothek: Die Deutsche Nationalbibliothek verzeichnet diese Publikation in der Deutschen Nationalbibliografie; detaillierte bibliografische Daten sind im Internet über http://dnb.dnb.de abrufbar.

© 2022 Jessica Vogt

Umschlaggestaltung: Marina Rudolph
Umschlagfoto: Victor Andres Labeca
Lektorat, Korrektorat: Sarah Rubal und Jessica Vogt
Buchsatz, Layout: Verena Blumenfeld – Veanyu Buchdesign

Verlag & Druck:
tredition GmbH, An der Strusbek 10, 22926 Ahrensburg, Germany

ISBN (Paperback): 978-3-347-85746-9
ISBN (Hardcover): 978-3-347-85747-6

Tierbotschaften für dich

Jessica Vogt

Inhaltsverzeichnis

Vorwort

Tiere begleiten mich schon ein Leben lang und ich sie. Ich habe ein angeborenes Talent, sie nicht nur zu verstehen, sondern auch zu fühlen. Wie ein Schwamm habe ich seit meiner Kindheit alles, was mir an Informationen über Tiere zugefallen ist, aufgesogen und abgespeichert. Ich habe mich informiert, gelesen, zugehört, beobachtet, nachgefragt, begleitet und reflektiert. Ich hatte schon immer meinen eigenen Umgang mit Tieren und halte das auch heute noch bei – auch wenn es nicht unserer gesellschaftlichen Norm entspricht. Aber für mich fühlt es sich richtig an und meine Erlebnisse, Erfahrungen und Erfolge bestätigen mich und stärken mein Selbstvertrauen mehr und mehr.

Mit diesem Buch ist es mir eine Herzensangelegenheit, dir mein Wissen und meinen Rat auf deinem ganz persönlichen Lebensweg mitzugeben. Ich wünsche dir Mut und Durchhaltevermögen. Mut, damit du deine eigenen, sowie auferlegten Grenzen sprengen magst. Durchhaltevermögen, dass du alle deine Träume, Visionen und Ziele erreichen kannst.

Lasse dich von den Botschaften der Tiere unterstützen, deine eigene Stimme noch mehr wahrzunehmen. Übe dich im Selbstvertrauen, dies ist der Schlüssel, um bei *dir* anzukommen. Wenn du da bist, hast du alle Antworten auf sämtliche Fragen. Gehe achtsam und bewusst durch die Welt. Gebe dich den Themen vollständig hin, die an dich herangetragen werden. Ob negativ oder positiv. Das ist das Spiel des Lebens. Und ja, du darfst es spielerischer angehen, das macht vieles leichter. Alles ist möglich, nichts ist unmöglich!

Teil I

Die Grundlagen der OELA-Methode

1. Kapitel: Einführung

Auch wenn der Mensch sich oft allein fühlt, so kann er sich auf die Gegenwart von Tieren doch immer verlassen. Ganz gleich, wo wir uns befinden, Tiere sind immer in unserer Nähe. Da sind die kleinen Tiere, die Insekten und die Vögel, die größeren Haustiere, allen voran Hund und Katze, aber auch Fische, Mäuse, Kaninchen, Hamster, Reptilien und andere Tiere, draußen in Wald und Feld die vielen Wildtiere.

Ohne Tiere kann der Mensch nicht überleben, auch wenn er strenger Veganer ist – wir brauchen die Bienen, die Pflanzen bestäuben. Zwischen uns und der Welt der Tiere besteht eine vielfältige Wechselwirkung. Vor einigen Jahren fanden italienische Forscher heraus, dass zum Beispiel Pferde ihren Herzschlag bewusst an den des Menschen anpassen können[1]. Diesen Effekt kennt man sonst nur von Verliebten oder Mutter und Kind. Er führt dazu, dass wir uns in der Nähe von Pferden beruhigen und weniger Stresshormone ausschütten. Dass zwischen Mensch und Pferd oder Mensch und Hund eine emotionale Übertragung möglich ist, ist schon seit längerem bewiesen, das gilt für Stress ebenso wie Harmonie und Ruhe.

---

[1] lanatà, Antonio & Guidi, Andrea & Valenza, Gaetano & Baragli, Paolo & Scilingo, Enzo. (2016): Quantitative heartbeat coupling measures in human-horse interaction. Annual International Conference of the IEEE Engineering in Medicine and Biology Society. IEEE Engineering in Medicine and Biology Society: 2696-2699.

Tiere haben also einen positiven Einfluss auf uns. Sie zu streicheln, kurbelt die Oxytocin-Ausschüttung an, unser Liebes- und Bindungshormon. Aus diesem Grund werden Tiere schon lange zu therapeutischen Zwecken eingesetzt – mit überwältigenden Ergebnissen.

Wir fühlen uns weniger allein in ihrer Gegenwart, auch, weil wir die Interaktion mit Tieren als ehrlicher empfinden als mit vielen Mitmenschen. Die Fürsorge für ein Tier gibt unserem Leben Sinn, sie spenden uns Trost, wenn wir traurig und verzweifelt sind. Als Forscher vor einigen Jahren herausfanden, dass Hunde über Spiegelneuronen verfügen, die dafür sorgen, dass sie sich empathisch mit Menschen verbinden und tatsächlich fühlen können, was wir fühlen, hatten sie endlich eine Erklärung dafür, wieso der Hund als der »beste Freund des Menschen« gilt. Aber auch Katzen und Pferde sind sehr gut darin, unsere Stimmung zu erfassen und darauf einzugehen.

Viele Menschen fühlen sich in der Nähe von Tieren wohl oder sind fasziniert von der Schönheit, Kraft und Schnelligkeit von Wildtieren.

Haustiere spielen für uns eine besondere Rolle, wir entwickeln zu ihnen so starke Bindungen wie zu einem Familienmitglied, wir kennen ihre Charaktereigenschaften und Vorlieben und können ihre Stimmungen lesen.

Die enge Verbindung zu Tieren begleitet mich schon mein ganzes Leben lang. Ich wuchs mit Katzen und Nagetieren auf und entdeckte schon früh meine Liebe zu Hunden und Pferden. Ebenso habe ich schon immer eine starke Verbindung zur Natur und das Interesse, noch mehr zu erfahren. Deshalb machte ich eine Ausbildung und weitere vertiefende Studien in den Bereichen Tierkommunikation, Tierpsychologie und Medialität, Weiterbildungen und Zertifikate im Mentaltraining, Reit- und Tierpädagogik, Coaching im Bereich Persönlichkeitsentwicklung, ADHD Awareness, kognitive Verhaltenstherapie und viele mehr.

Heute lebe ich mit meinen Hunden, Katzen, Pferden, Hühnern, Mini-Pigs, Kamerunschafen, Wachteln und weiteren frei lebenden Tieren auf meinem paradiesischen Hof in der Nähe von Basel.

Ich gebe mein Wissen und meine Erfahrungen an Menschen weiter, die ihren Lieblingen und sich selbst etwas Gutes tun, ihre Persönlichkeit entwickeln und im Einklang mit den Tieren leben möchten. So ist auch dieses Buch entstanden, denn aus der Kommunikation zwischen Tier und Mensch kann viel Gutes entstehen, gerade jetzt zu einer Zeit, in der so vieles im Wandel ist und wir die Wiederanbindung an die Natur und die Gemeinschaft mit allen Lebewesen auf der Erde suchen.

Die gemeinsame Geschichte von Mensch und Tier reicht weit zurück. Schon in den Anfängen der Menschheit, lange bevor wir sesshaft wurden, fanden sich tierische Begleiter, allen voran der Wolf, den wir domestizierten und aus dem sich der Hund entwickelt hat.

Tiere wie das Mammut oder der Bär wurden unter großen Gefahren gejagt und ernährten eine Gruppe über viele Wochen, während Fell, Sehnen und Knochen zu Werkzeugen und Kleidung verarbeitet wurden.

Später wurden Huftiere und Geflügel domestiziert, um sie zu melken, die Eier und Federn zu verwerten und sie zu schlachten. Pferde, Esel und Kamele wurden zu Reittieren. Tiere waren ein wichtiger und teurer Besitz und wurden auch so behandelt.

Doch je weiter die Entwicklung des Menschen weg von der Natur hin zur Kultur voranschritt, umso mehr ging das Bewusstsein für die Abhängigkeit des Menschen von den Tieren verloren. Artensterben und Massentierhaltung sind Ausdruck des gleichen, verschwenderischen Umgangs mit den Gaben der Natur.

Viele Tiere sind heute hier, um uns daran zu erinnern, dass jedes Tier, das wir töten, eine Seele hat. Auf der Seelenebene hat sich dieses Tier entschieden, sich für uns zu opfern und wir sollten ihm dankbar dafür sein. Doch genau damit tun sich viele Menschen schwer. Tiere sind für sie Gegenstände, ohne Gefühle und Seele, die nur dazu da sind, von uns verzehrt und ausgebeutet zu werden. Wir vergessen, dass auch wir Teil der Kreisläufe der Natur sind und zwar nicht nur materiell, sondern auch energetisch.

1.1 Tiere haben einen besonderen Kontakt zur geistigen Welt

Was für die Biologie, also für die Materie gilt, hat seine Entstehung in der feinstofflichen Welt. Auch Tiere haben eine Seele und sind eingebunden in den ewigen Kreislauf aus Tod und Wiedergeburt. Sie kommen mit einer Aufgabe hier auf die Erde und einige dieser Aufgaben haben direkt mit uns zu tun.

Viele von uns haben eines oder gleich mehrere Krafttiere, die sich ihnen in ihren Träumen oder bei der spirituellen Arbeit zeigen und sie unterstützen.

Genauso gibt es auch hier Tiere, die extra in unser Leben treten, um uns Botschaften aus der geistigen Welt zu übermitteln.

In der Mythologie haben Tierbotschaften überall auf der Welt ihren festen Platz. Sie werden als Symbole für bestimmte Aspekte der menschlichen Seele betrachtet, etwas, das sich auch in der Traumdeutung von Tierbotschaften spiegelt oder als Boten aus der Welt der Götter. Dabei finden sich überraschende Parallelen. So glaubten sowohl die Kelten, die erst in Südeuropa und später auf den Britischen Inseln ihre Heimat hatten, als auch Native Americans wie die Delaware, dass Eulen eine Verbindung zum Totenreich haben und entweder eine Nachricht aus dem Jenseits überbringen oder einen nahen Tod ankündigen.

Laut dem Psychoanalytiker C. G. Jung verkörpern Tiere Archetypen, tief in unserem kollektiven Unterbewusstsein verankerte Urmuster, die uns Botschaften aus der Tiefe unserer Seele überbringen und sich zum Beispiel in Träumen zeigen. Deshalb finden sich Tierboten auch in unseren Märchen, mit teilweise fatalen Konsequenzen. So verkörpert der Wolf das Böse und wurde deshalb in Deutschland vor einiger Zeit fast ausgerottet.

Tiere, die besonders eng mit uns verbunden sind, können sogar abgespaltene Seelenanteile von uns oder unseren Verstorbenen in sich tragen. Dieses Phänomen ist besonders bei Katzen bekannt. Tiere sind sehr empfänglich für energetische Schwingungen. Die geistige Welt nutzt Tiere aktiv, um uns Botschaften zu schicken, wir müssen nur bereit sein, sie zu empfangen und entsprechend zu interpretieren. Tiere sind für uns eine Art Sprachrohr der geistigen Welt. Sie haben im Gegensatz zu uns einen großen Vorteil. Ihre Instinkte und ihre Intuition sind viel stärker ausgeprägt, sie nehmen sich, anders als wir, nicht als getrennt von der Natur wahr, sondern sind im Einklang mit den Gesetzen der Wildnis. Sie haben keinen Verstand und kein Ego, die sich permanent mit rationalen Einwürfen zu Wort melden, wenn wir in Kontakt mit der geistigen Welt kommen, sondern sehen das als Teil ihrer Natur.

1.2 Mythologie, Märchen und Krafttiere

Wir alle erhalten jeden Tag eine Vielzahl von Botschaften aus der geistigen Welt. Das kann in Form von Zahlen geschehen, die in einer bestimmten Reihenfolge immer wieder auftreten, in Form von plötzlichen Gedanken und vor allem in Form von Tieren, die uns Botschaften überbringen, entweder aus der geistigen Welt oder unserem Unterbewusstsein. Das ist auch der Grund, weshalb Tierboten häufig in Literatur und Film auftauchen. Sie kündigen in Form eines Raben ein drohendes Unheil an, können Warnungen enthalten und führen die Figuren in eine bestimmte Richtung.

Viele von uns empfinden auch intuitiv eine enge Bindung an bestimmte Tiere, nicht nur Haustiere, sondern auch Wildtiere. Wir gehen in Resonanz mit ihren Eigenschaften, fühlen uns angezogen von ihren Fähigkeiten.

Der Wunsch, dass sich bestimmte Eigenschaften eines Tieres auf den Menschen übertragen, finden sich im indigenen Totemismus, wie er etwa in Nordamerika verbreitet ist. Dort ist es zum Beispiel üblich, dass einzelne Klans ein bestimmtes Totem haben, mit dem sie sich eng verbunden fühlen. Für dieses Tier gelten Jagd- und Verzehrtabus, es wird als heilig betrachtet. Andere Tiere haben andere Aufgaben. Der Coyote etwa gilt in Nordamerika als »Trickster«, als ambivalente Helferfigur, die für Chaos sorgt, aber den Menschen auch dabei hilft, ihren Weg zu finden und in spirituelle Balance zu kommen.

Auch in unseren europäischen Märchen kommen solche ambivalente Tiergestalten vor. So kann eine Kröte ein gefährliches Geheimnis andeuten, das uns unsere Lebenskraft nimmt, sie kann aber auch dazu einladen, zu wachsen und sich zu transformieren und dabei genauer hinzusehen, denn in spirituellen Zusammenhängen ist selten etwas so, wie es auf den ersten Blick scheint.

Eines der sieben universalen bzw. hermetischen Gesetze ist das Gesetz der Entsprechung. Wir kennen es als die Formulierung »wie oben, so unten« und »wie innen, so außen«. Alle Vorgänge in unserer Seele, also dem unsterblichen, göttlichen Teil in uns, haben eine Entsprechung in der Außenwelt. Das kann sich in Form von Wetterereignissen äußern oder durch Tiere, die wie durch Magie in unser Leben spazieren. Sie können uns Hoffnung machen, wie die streunende Katze, die wie zufällig um unsere Beine streicht, wenn wir einen schlechten Tag hatten oder uns verloren fühlen, oder sie können uns dazu ermutigen, über uns selbst hinauszuwachsen und unsere Ängste zu überwinden. Manchmal steckt in ihnen sogar ein ganzes Muster aus Unterdrückung und verschüttetem Wissen. Die Spinne gilt in vielen Kulturen, von Europa bis Afrika, als Hüterin der Weisheit, die uns mit ihrem Netz daran erinnert, dass wir mit unseren heutigen Entscheidungen die Grundlagen unserer Zukunft schaffen. Sie ist die Schicksalsweberin, die uns an die ureigenen, weiblichen Kräfte erinnert. Gleichzeitig haben ausgerechnet viele Frauen große Angst vor Spinnen, eine Angst, die von der Mutter auf die Tochter übertragen wird. Was sich darin zeigt, ist der verlorengegangene Kontakt zu dieser inneren, weiblichen Weisheit, die über viele Jahrhunderte gesellschaftlich aktiv unterdrückt wurde. Für Frauen war es zeitweise sogar gefährlich, sich mit ihr zu verbinden, wie man an den schrecklichen Ereignissen während der Hexenverfolgung in der Frühen Neuzeit sehen kann.

Tiere kommen als Erinnerung und Mahnung zu uns, wieder mehr in Kontakt mit Mutter Erde zu treten. Sie erinnern uns daran, dass auch wir Teil eines großen Kreislaufs sind und unser Verhalten direkte Auswirkungen auf unsere Umwelt und vor allem die Natur hat. Nichts geschieht ohne Grund, es gibt immer eine Ursache und eine Wirkung, auch das ist eines der universalen Gesetze.

Das Wissen um Tierbotschaften ist zum Teil viele Jahrtausende alt und wurde in Form von Mythen und Geschichten überliefert. Je nachdem, wie erwünscht dieses Wissen in einer Epoche war, kann es auch codiertes Geheimwissen enthalten. Der Fuchs etwa ist in vielen Märchen ein eher verschlagenes Tier, tatsächlich aber steht er für Selbstbestimmung, individuelle Freiheit und enorme Anpassungs- und Überlebensfähigkeit.

1. 3 Das schwierige Verhältnis zwischen Mensch und Tier

In früherer Zeit war die respektvolle Co-Existenz zwischen Mensch und Tier sehr viel größer. Menschen wussten, dass ihr Wohl von dem Wohl der Tiere abhängt. Das hat sich stark verändert, seit wir dazu übergegangen sind, Tiere industriell zu verwerten, in Massenhaltung und Ausbeutung. Die wenigsten von uns haben noch einen direkten Bezug zu den tierischen Produkten, die sie verwenden. Das entfremdet uns nicht nur von der Welt der Tiere, sondern auch von uns selbst, denn tief in uns steckt die Erinnerung, dass auch wir sehr viel Tierisches in uns tragen. Manchen Menschen macht das Angst, sie wollen es abspalten, überzeugen sich durch Kultur, unsere Sprache und die Erfindung des Verstandes davon, dass wir nicht wie Tiere sind, weil wir einen freien Willen haben. Wer aber schon einmal eine Katze beobachtet hat, dem wird schnell klar, dass wir keineswegs exklusiv über einen freien Willen verfügen. Und Tiere sind auch ohne Worte sehr wohl in der Lage, mit uns zu kommunizieren und uns ihre Wünsche oder ihre Abneigung mitzuteilen.

Seit etwa drei Jahrhunderten haben sich Forscher daran gemacht, Tiere und ihr Verhalten zu erforschen. Bestimmte Normen wurden festgelegt, auch wenn die Art und Weise, wie diese Forschung betrieben wurde und auch noch immer betrieben wird, für die Tiere nicht immer vorteilhaft, sondern oft mit viel Leid verbunden ist. Der Mensch verfügt über das Tier, ordnet es ein, weist ihm Fähigkeiten zu und einen Platz in einer Hierarchie, an deren Spitze der Mensch steht. Je weiter unten ein Tier in dieser Hierarchie steht, umso weniger Rücksicht muss ein Mensch auf es nehmen – mit zum Teil tödlichen Folgen für das Tier.

1.4 Meine besondere Verbindung zu Tieren

Schon seit meiner Kindheit empfinde ich eine tiefe Verbindung zu Tieren und ihren Seelen. Auf meinem Hof in der Schweiz lebe ich mit vielen Tieren zusammen – Hunden, Katzen, Pferden, Kamerunschafen und vielen mehr. Tagtäglich senden sie mir Botschaften, die mir bei meiner Arbeit helfen. Gemeinsam mit Yvonne Böhm, eine gute Freundin und Businesspartnerin, entwickelte ich so die OELA-Tiercoach Ausbildung, in der die Teilnehmer erlernen, wie man auf medialer Ebene mit Tieren kommuniziert und sie energetisch unterstützt, etwa bei Krankheit oder auffälligem Verhalten oder wenn sie schlechte Erfahrungen gemacht haben. Ganz irdisch erhält man Informationen zur Entwicklung, zum Verhalten, zu den Bedürfnissen und zum Training der Tiere. Dabei zeigt sich immer wieder, dass viele Tiere als unsere Helfer Symptome und Krankheiten auf sich nehmen, damit wir an uns arbeiten. Wenn zum Beispiel im Familiensystem etwas nicht stimmt, dann spiegelt sich das häufig schon früh in Erkrankungen und dem Verhalten der Tiere.

Ich kann mich gut daran erinnern, wie ich mich als Kind mit der Seele eines Primaten in Gefangenschaft verbunden habe. Da auch Tiere Seelen haben, war für mich schwer nachzuvollziehen, wieso sie sich dann einen Seelenplan aussuchen, der Gefangenschaft, Tierversuche oder ähnlich grausame Lebensumstände beinhaltet. Ich erhielt die klare Botschaft, dass die Seele keine falschen Entscheidungen trifft, sondern dass diese Tierseelen diesen schweren und leidvollen Lebensweg auf sich nehmen, um für ihre eigene Tierart zu sprechen. Das Ziel jeder Seelenentwicklung ist die Rückkehr in die Einheit und die vollkommene Liebe, und das beinhaltet auch das Verhältnis zwischen Mensch und Tier.

Damit eine Wunde oder ein Trauma geheilt werden kann, braucht es den Schmerz. Denn ohne Schmerz, schauen wir nicht hin. Das Hinschauen ist der erste Schritt der Heilung. Es folgen Annahme, Hingabe und Lösung, damit das gesamte Thema vollständig in Heilung gebracht werden kann. Also gibt es Seelen, die diese Aufgabe übernehmen und das Thema so dem Kollektiv aufzeigen, damit alle beteiligten Seelen mitwirken. Für mich, für dich und das gesamte Kollektiv.

Affen als unsere nächsten Verwandten tun das auch, um uns zu helfen. Sie erinnern uns daran, dass auch wir Tiere sind und machen uns darauf aufmerksam, dass sie genauso über ein Bewusstsein verfügen wie wir. Deshalb versuchen auch Menschen überall auf der Welt zu erreichen, dass wir zumindest den Primaten mehr eigene Rechte zugestehen, eben weil sie uns so ähnlich sind.

Wegen dieser Ähnlichkeit können wir aus der Verhaltensforschung an Primaten eine Menge lernen. Ihr Sozialverhalten verändert sich, je nachdem, ob sie in Freiheit oder Gefangenschaft leben. Gefangenschaft macht Tiere psychisch krank, weshalb sie zu stereotypen Verhaltensweisen neigen. Primaten reißen sich die Haare aus oder essen ihre Exkremente – Verhaltensweisen, die wir auch von Menschen in psychiatrischen Verwahranstalten oder Kinderheimen früherer Zeit kennen. Die Seele des Tieres leidet, weil es nicht in seiner artgerechten Umgebung leben darf, mit weitläufigen Revieren und ohne den Stress ständigen Kontakts mit den Menschen.

Tatsächlich ist Letzteres etwas, das viele hochsensible und energetisch empfindsame Menschen nachvollziehen können. Das Zusammensein mit anderen Menschen ist anstrengend, je nachdem, wie sehr sie in ihren Mustern und ihren Egointeressen verhaftet sind. Für mich bedeutet das, dass ich mich regelmäßig auf meinen Hof zurückziehe und den Kontakt mit Menschen meide, um mich zu erholen und meine Reserven wieder aufzufüllen. Dabei helfen mir meine Tiere. Sie spüren ganz instinktiv, wenn ich erschöpft bin und suchen meine Nähe, um mich mit ihrer Energie und ihrer Zuwendung zu stärken.

Die fehlende Anbindung an die Natur und sein Selbstverständnis als »Krone der Schöpfung« führen beim Menschen dazu, dass er sich nicht mehr als Teil eines großen Ganzen mit Verantwortung und Respekt empfindet, sondern rücksichtslos seine eigenen Interessen durchsetzt und mit schlechter Laune und negativer Energie das Miteinander regelrecht verpestet. Neid, Machtstreben und Gier führen dazu, dass wir nicht gut miteinander umgehen und das wirkt sich auch auf unseren Umgang mit Tieren aus. Ein Mensch, der andere Menschen schlecht behandelt, ist oft auch nicht sehr freundlich und liebevoll zu Tieren.

1.5 Tierbotschaften erkennen und deuten

Tierbotschaften sind allgegenwärtig und enthalten Hinweise und Impulse, die uns dabei helfen, Probleme zu überwinden und unseren Seelenplan zu erfüllen. Das klappt jedoch nur, wenn wir bereit sind, uns mit ihnen zu beschäftigen. Das können die Botschaften unserer Haustiere sein, Wildtiere, denen wir draußen begegnen, oder auch Tiere, die sich in unseren Träumen zeigen. Möglicherweise fühlen wir uns auch zu einem bestimmten Tier hingezogen, beschäftigen uns mit ihm oder haben Figuren und Ähnliches von ihm in unserer Wohnung stehen.

Nicht jedem fällt es leicht, sich auf Anhieb mit der Tierseele zu verbinden. Das erfordert tatsächlich Übung und vor allem Wiederholungen. Genau das lernen die Schüler*innen in der OELA Tiercoach Ausbildung.

Doch auch ohne mediale Anbindung an das Tier können wir seine Botschaft an uns entschlüsseln. Ich habe dazu ein eigenes Vorgehen entwickelt, das alle Aspekte der Begegnung zwischen Mensch und Tier erfasst. So können wir Stück für Stück die Bedeutung einer solchen Begegnung entziffern und ihre tiefe Weisheit für uns zugänglich machen.

Viele Menschen halten das Universum für eine Art leeren Raum. Doch in Wirklichkeit ist das Universum höchst lebendig und in ständigem Austausch mit uns. Die Erkenntnisse der Quantenphysik belegen, dass unsere Gedanken unsere materielle Welt formen.

Albert Einstein entdeckte, dass das Universum als Raum-Zeit-Kontinuum verstanden werden kann und dass die Schwerkraft aus den Verzerrungen der Raumzeit entsteht, die durch Sterne und Planeten verursacht werden. Stephen Hawking wollte wissen, was Einstein falsch gemacht hat. Sein Ziel war es, die Relativitätstheorie und die Quantenmechanik zu vereinen. Leider starb er, bevor ihm das gelang. In den 1960er Jahren erhielten Radioteleskope auf der ganzen Welt seltsame Signale aus dem Weltraum. Das Signal schien von einem sehr dichten kleinen Objekt zu stammen – einem Neutronenstern. Einstein sagte diese mysteriösen Sterne mit seiner Relativitätstheorie voraus. Dies bedeutete, dass andere von ihm beschriebene Phänomene ebenfalls wahr sein könnten. Er erklärte zum Beispiel, dass Schwarze Löcher kosmische Objekte sind, die so dicht sind, dass ihre Gravitationsfelder das Entweichen von Materie und Strahlung verhindern. Sie besser zu verstehen, war das Forschungsprogramm einer Gruppe junger Physiker, darunter Stephen Hawking. Mitte der 1970er Jahre stellte Dr. Hawking von der Universität Cambridge die Hypothese auf, dass Schwarze Löcher nicht vollständig schwarz sind. Ein Schwarzes Loch zerfällt langsam, vernichtet sich schließlich selbst und gibt massereduzierende Strahlung ab. Dies ist der Schnittpunkt zweier großer Theorien über die Funktionsweise des Universums, die lange Zeit als unvereinbar galten.

Im 20. Jahrhundert führten erstaunliche Experimente zur Entwicklung der Quantenphysik, die für Laien schwer zu erklären sind. Es gilt vor allem für physikalische Objekte und Größen der Mikrophysik: die kleinsten Teilchen und ihre Eigenschaften. Die Quantenphysik widerspricht der Vorstellung der klassischen Physik, dass die Natur immer kontinuierlich konstruiert und immer messbar ist. 1900 postulierte Planck, dass Energie aus einzelnen Einheiten oder Quanten besteht. 1905 stellte Albert Einstein die Theorie auf, dass nicht nur Energie, sondern auch Strahlung selbst auf die gleiche Weise quantisiert wird. 1924 schlug Louis de Broglie vor, dass es keinen grundlegenden Unterschied in der Zusammensetzung und dem Verhalten von Energie und Materie gibt. Auf atomarer und subatomarer Ebene können sich beide so verhalten, als bestünden sie aus Teilchen oder Wellen. Diese Theorie wurde als das Prinzip des Welle-Teilchen-Dualismus bekannt. Elementarteilchen von Energie und Materie verhalten sich je nach Bedingungen wie Teilchen oder Wellen. Werner Heisenberg schlug 1927 vor, dass es unmöglich sei, zwei komplementäre Werte exakt gleichzeitig zu messen, etwa Ort und Impuls von Elementarteilchen. Im Gegensatz zu den Prinzipien der klassischen Physik sind ihre gleichzeitigen Messungen zwangsläufig fehlerhaft. Je genauer ein Wert gemessen wird, desto ungenauer ist die Messung des anderen Werts. Diese Theorie wurde als Heisenbergsches Unschärfeprinzip oder Unsicherheitsprinzip bekannt und inspirierte Albert Einsteins berühmten Ausspruch »Gott würfelt nicht«.

1.6 Kopenhagener Interpretation und Viele-Welten-Theorie

Die beiden Hauptinterpretationen der Quantentheorie in Bezug auf die Natur der Realität sind die Kopenhagener Interpretation und die Viele-Welten-Theorie. Niels Bohr schlug die Kopenhagener Interpretation der Quantentheorie vor. Diese Interpretation besagt, dass Teilchen das sind, was sie sein sollten (Wellen, Teilchen usw.), aber bis zu ihrer Messung nicht davon ausgegangen werden kann, dass sie bestimmte Eigenschaften haben und nicht einmal existieren können. Kurz gesagt, Bohr sagte, dass es so etwas wie eine objektive Realität nicht gibt. Dies führt zu einem Prinzip namens Superposition. Das sagt uns, dass wir den Zustand des Objekts nicht kennen, aber tatsächlich ist es in allen möglichen Zuständen gleichzeitig, es sei denn, wir überprüfen es.

Um diese Theorie zu veranschaulichen, können wir die berühmte und etwas grausame Analogie von Schrödingers Katze verwenden. Legen Sie die lebende Katze zuerst in eine dicke Bleikiste. An diesem Punkt besteht kein Zweifel, dass die Katze lebt. Fügen Sie dann ein Fläschchen mit Zyanid hinzu und verschließen Sie die Kiste. Ich weiß nicht, ob die Katze lebt oder ob die Zyanidkapsel geplatzt ist und die Katze gestorben ist. Unbemerkt von uns sind Katzen nach Quantengesetzen tot und lebendig – eine Überlagerung (Superposition) von Zuständen. Nur, wenn ich die Kiste aufhebele und den Zustand der Katze überprüfe, muss die Auflage verloren gegangen sein und die Katze muss lebendig oder tot sein.

Eine zweite Interpretation der Quantentheorie ist die Viele-Welten-Theorie (oder Multiversum-Theorie). Sobald ein Objekt in einem beliebigen Zustand existieren kann, wird das Universum dieses Objekts in eine Reihe paralleler Universen umgewandelt, die gleich der Anzahl möglicher Zustände sind, in denen das Objekt existieren kann, wobei jedes Universum eine einzigartige Instanz dieses Objekts enthält.

Darüber hinaus gibt es Mechanismen für die Interaktion zwischen diesen Universen, bei denen auf alle Zustände auf irgendeine Weise zugegriffen werden kann und alle möglichen Zustände auf irgendeine Weise beeinflusst werden können. Stephen Hawking und Richard Feynman gehörten zu den Wissenschaftlern, die ihre Liebe zur Viele-Welten-Theorie zum Ausdruck brachten.

Was bedeutet das für unser Gehirn? Unser Gehirn als Organ der Wahrnehmungsverarbeitung empfängt Impulse und sendet diese in Form von Gedanken wieder aus. Jeder Gedanke, den wir haben, beeinflusst das unsichtbare Gewebe des Seins – man könnte auch »Quantenfeld« dazu sagen – das uns alle umgibt. Verstärkt von Gefühlen ist seine Wirkung sogar noch größer und das gilt für positive Gedanken ebenso wie für negative. Es ist ein ständiges Wechselspiel zwischen uns und dem Netz des Lebens, in das wir eingebunden sind. Und dieses Netz des Lebens sucht nach Möglichkeiten, mit uns zu kommunizieren.

Nichts, was uns im Außen begegnet, ist zufällig, alles erzählt uns etwas über uns selbst, wenn wir nur bereit sind hinzuhören. Das Wort Zufall bedeutet etwas fällt dir zu. Es ist für dich bestimmt! Das trifft in besonderem Maße auf Begegnungen mit Tieren zu.

Ich lade dich ein, dich entlang der folgenden Aspekte intensiv mit dem Tier, das dir begegnet ist, auseinanderzusetzen.

Zunächst einmal ist da die Art oder Gattung des Tieres. Wieso ist das Tier so, wie es ist? Jedes Tier ist immer perfekt angepasst an seinen Lebensraum und an die biologische Nische, in der es lebt.

Nehmen wir beispielsweise die Giraffe. Sie ist perfekt angepasst an das Leben in der Steppe. Ihr Hals ist so lang, damit sie an die Zweige der höchsten Bäume kommt. Die hörnerähnlichen Knochenauswüchse am Kopf der Giraffe, die Ossicone, dienen der Thermoregulation.

In Europa begegnen wir – außer im Traum – Giraffen nur in Gefangenschaft. Das hat Einfluss auf die Botschaft. Frage dich: Lebt das Tier frei oder in Gefangenschaft? Wird es artgerecht gehalten, so, wie es der Tierschutz vorschreibt? Tiere in Gefangenschaft leben nicht mehr in ihrer natürlichen Umgebung. Sie sind der Freiheit der Wildnis entrissen und können sich nicht mehr frei entfalten. Viele von ihnen werden schon in Gefangenschaft geboren und wissen nicht, wie ein Leben in der freien Wildbahn ist. Ein solches Tier kann dir einen Hinweis geben – wo bist du »gefangen«? Wo lebst du entgegen deiner Natur und kannst nicht frei über dich bestimmen? Sind es äußere oder innere Zwänge? Lebst du »artgerecht«, so dass alle deine Bedürfnisse, materiell und spirituell, erfüllt werden? Was fehlt dir in deinem Leben?

Was tut die Spezies dieses Tiers, um ihr Überleben zu sichern? Dabei geht es um die Frage der Reproduktion, aber auch um Evolution. Wie hat sich die Spezies im Laufe der Zeit an ihre Lebensbedingungen angepasst, um besser zu leben. Lange Zeit ging man davon aus, dass sich immer der Stärkere durchsetzt, doch die Wissenschaft hat herausgefunden, dass es vielmehr die Anpassungsfähigkeit ist, die das Überleben einer Spezies ermöglicht.

»Es ist nicht die stärkste Spezies, die überlebt, auch nicht die intelligenteste, sondern eher diejenige, die am ehesten bereit ist, sich zu verändern.« (Charles Darwin)

Tiere und ihre Körper passen sich über Generationen den Bedingungen an. Das ist das ständige Voranschreiten der Evolution. Die jeweils nächste, höhere Stufe entsteht aus der vorangegangenen. Auch wir Menschen sind so entstanden. Wieso ist Evolution notwendig? Weil sich auch die Erde und das Universum um uns herum ständig verändern. Wir befinden uns in einem über Äonen stattfindenden Aufstieg von der Dunkelheit zum Licht, von grobstofflichen Dimensionen hin zu immer höheren, feinstofflichen Dimensionen. Je feinstofflicher eine Dimension ist, umso leichter ist es, sie per Gedankenkraft zu beeinflussen und als SchöpferIn aufzutreten. Man kann also auch sagen, dass sich unsere Seelen auf einer Reise zurück zu unserem eigenen göttlichen Ursprung befinden, der über viele Zyklen der Wiedergeburt stattfindet. Unsere Seelen sind nicht immateriell, sie sind nicht an Zeit und Raum gebunden. Das ist auch der Grund, weshalb wir mit den Seelen Verstorbener Kontakt aufnehmen können, die Seele lebt nach dem Tod weiter. Von diesem Wissen sind wir getrennt, weil wir in einem dualen Universum leben, dessen Merkmal die Trennung ist – Geist und Materie, Mann und Frau, Tier und Mensch. Doch je weiter wir in unserem kollektiven Aufstiegsprozess vorankommen, umso mehr gelingt es uns, diese Trennung zu überwinden und zurück zur Einheit zu finden. Wir erkennen, dass alles mit allem verbunden ist und jede Trennung nur eine Illusion ist.

Seit dem Anbeginn der Zeit befindet sich die Erde in einem Wandlungsprozess, Entwicklung und Veränderung finden statt und sind ein selbstverständlicher Teil allen Lebens auf der Erde. Wir alle sind in Zyklen des Entstehens und Vergehens eingebunden, über die diese Entwicklung überhaupt erst möglich ist. Nur wenn etwas Altes stirbt, kann etwas Neues entstehen. Dieses Wissen ist tief in unseren Zellen abgespeichert und wird von Generation zu Generation weitergegeben.

Die Epigenetik zeigt, dass wir nicht nur unsere Gene weitergeben, sondern auch die konkreten Erfahrungen, die wir mit unserer Umwelt machen, sodass unsere Nachkommen davon profitieren können. Das trifft natürlich auch auf Tiere zu.

Das Aussehen eines Tieres kann uns also wichtige Hinweise auf die Botschaft geben, die es uns übermitteln möchte. Weitere Aspekte sind, ob es allein oder zu mehreren auftritt, in Gefangenschaft oder Freiheit, welches Geschlecht es hat, wie es sich verhält und was es auf der Seelenebene symbolisiert.

Ein Vogel kann für Leichtigkeit und Freiheit stehen, für den Flug unserer Seele, aber auch für das Gegenteil. Deshalb sind die Umstände wichtig.

1.7 Unsere gemeinsamen Vorfahren und der Prozess der Evolution

Forscher haben herausgefunden, dass alles Leben von einer gemeinsamen Urzelle abstammt, die sie LUCA (Last Universal Cellular Ancestor) nennen. Diese Zelle ist der Urvorfahr aller Tiere, Pflanzen und Menschen. Wir alle gehen auf einen gemeinsamen Ursprung zurück und wir alle sind, bei aller Verschiedenheit, bestimmten Gesetzmäßigkeiten unterworfen: Wir benötigen Sauerstoff, damit unsere Zellen leben und wir sind in den Kreislauf aus Geburt, Leben und Tod eingebunden. Nichts, was lebt, lebt ewig, auch wenn sich die Lebenszyklen erheblich voneinander unterscheiden.

Spezies, denen die Anpassung nicht gelingt, sterben aus, leben aber weiter in den Genen, die sie mit verwandten Spezies teilen. In unseren Zellen steckt also das gesamte Wissen der Evolution, alle gemachten Erfahrungen all jener, die vor uns hier waren. Dieses Wissen kann aktiviert werden. Gleichzeitig bedeutet es auch, dass wir von unseren Vorfahren Themen erben, die geheilt werden möchten, damit wir den nächsten (Evolutions-)Schritt in Richtung Ganzheit nehmen können. Das sind Themen, die mit dem Kampf um das Überleben zu tun haben, mit Verlust und Schmerz.

Auf der Ebene der Ganzheit gibt es keinen Schmerz mehr und keinen Verlust. Danach streben alle Seelen in ihrem individuellen und kollektiven Aufstiegsprozess. Dabei ist niemand von uns allein. Wir sind umgeben von anderen Seelen, die uns helfen, in diesem Aufstiegsprozess voranzukommen – menschliche, tierische und geistige.

Während die Kraft dieser geistigen Helfer schon länger bekannt ist, wird die der tierischen Helfer gerade erst entdeckt. Immer mehr Menschen erkennen an, dass Tiere eine Seele und ein Bewusstsein haben, dass sie Schmerz und Leid ebenso empfinden wie wir und dass es nicht rechtens ist, Tiere respektlos zu behandeln und rücksichtslos auszubeuten.

Seit meiner ersten Erfahrung mit der Primatenseele habe ich immer wieder intuitiv Tierbotschaften empfangen, bis ich auf dieser Basis die OELA-Methode entwickelt habe, die sich großer Beliebtheit erfreut. Viele Menschen, die schon immer die Nähe zu Tieren gesucht haben, stellen fest, dass sie oft schon seit ihrer Kindheit wichtige Seelenbotschaften aus der Tierwelt erhalten haben, manchmal so deutlich, dass sie sich als Kinder sicher waren, mit Tieren sprechen zu können.

Häufig verlieren wir diese intuitive Anbindung an die Seelenebene anderer (Lebe-)Wesen, während wir erwachsen werden, auch, weil die Empfänglichkeit nicht trainiert wird oder die Erwachsenen das als »Spinnerei« abtun. Doch das ist sie nicht! Es handelt sich dabei um eine der erstaunlichsten Fähigkeiten unserer Seele, die die Grenzen zwischen Spezies und sogar zwischen unserer und der geistigen Welt überwinden kann. Wir alle kommen mit dieser Fähigkeit zur Welt, sie geht nur im Laufe der Zeit verloren, weil wir sie nicht nutzen und sie von unserem Umfeld nicht ernst genommen werden.

Selbstverständlich ist es ebenso möglich, sich mit der Seele einer Pflanze zu verbinden und es gibt viele Menschen, die das auch können. Ebenso wie Tiere symbolisieren Pflanzen Aspekte unserer Seele und können aufgrund ihrer Inhaltsstoffe aktiv dazu beitragen, uns körperlich zu heilen. Sie können aber auch feinstofflich auf unsere Seele und unsere Wahrnehmung einwirken.

Wir Menschen stammen alle von einer sogenannten »mitochondrialen Eva« ab. Mitochondriale Eva ist ein wissenschaftlicher Begriff, der verwendet wird, um die weibliche mitochondriale DNA (mtDNA) zu beschreiben, von der die mitochondriale DNA aller heute lebenden Menschen abstammt.

1.8 Die OELA-Methode

Seit ich die OELA Tiercoach Ausbildung anbiete, kommen immer wieder Menschen auf mich zu und fragen nach einem Nachschlagewerk für Tierbotschaften, das schnell und komprimiert den Zugang zu der jeweiligen Tierbotschaft ermöglicht. Wenn wir etwa von einem Eisbären träumen, dann möchten wir wissen, was das bedeutet und wenn bei einem Spaziergang ein Schmetterling nicht von unserer Seite weichen möchte, dann hat auch das eine Bedeutung. Doch wie kann ich sie für mich entschlüsseln?

Die Botschaften rund um die Tiere habe ich selbst in einem intuitiven Vorgang erhalten, indem ich die OELA-Methode angewendet habe. Ich gehe nicht auf die mythologische oder tiefenpsychologische Bedeutung der Tiere ein, da es für diese bereits genügend Nachschlagewerke gibt. Mein Fokus liegt auf der konkreten Botschaft für die jeweilige Situation. Deshalb finden sich am Anfang jeden Eintrags immer Fragen, die dabei helfen, selbst einen intuitiven Zugang zu der Botschaft zu erhalten. Wieso zeigt sich dieses Tier mir? Unter welchen Umständen geschieht die Begegnung? Welche Botschaften kann ich daraus für mich ableiten?

Die Buchstaben des Kunstworts OELA stehen für O = Optik, E = Eigenschaft, L = Leben, A = Aufgabe[1].

Was heißt das konkret? Zuerst schauen wir uns die Optik an. Welche Größe, Geschlecht und Farbe hat das Tier? Ein Tier, das das gleiche Geschlecht hat wie ich, kann mir etwas über meine Weiblichkeit erzählen, eines mit dem anderen Geschlecht etwas über meinen Partner oder mein Verhältnis zu meinem Vater oder um den männlichen Aspekt in mir. Wir alle haben männliche und weibliche Anteile in uns, die in Balance gelebt und erlebt werden möchten.

Dann betrachten wir die Eigenschaften. Was sind seine Stärken und Talente? Was kann dieses Tier? Fliegen? Schwimmen? Hat es starke Reißzähne? Ist es ein Jäger? Ein Einzelgänger? Oder eher ein Herdentier? Lebt es eng mit uns Menschen zusammen oder zeigt es sich eher selten? Wo steht es in der Rangfolge der Tiere? Ist es ein Säugetier oder ein Fisch oder ein Insekt? Welche Aufgabe hat es in der Natur? Ameisen zum Beispiel räumen den Wald auf, Bienen bestäuben Pflanzen, Wölfe sorgen für das ökologische Gleichgewicht. Katzen jagen Ungeziefer, Hunde bewachen ihre Menschen. Was hat es für ein Innenleben? Was für einen Charakter?

Anschließend fragen wir uns: Was möchte dieses Tier? Wellensittiche zum Beispiel sind sehr gesellig und kommunikativ. Katzen hingegen sind zwar verschmust, brauchen aber auch Freiheit und Zeit für sich.

Wofür steht das Tier für dich? Macht es dir Angst, bist du neugierig, verbindest du etwas Positives oder Negatives damit?

Nach den Eigenschaften kommt die Beschäftigung mit den Lebensumständen des Tiers. Aus welchem Land kommt es?

---

[1] Alle Infos zur OELA-Ausbildung gibt es hier: www.jessicavogt.ch

Welches Klima mag es? Lebt es an Land oder im Wasser? Ist es eine bedrohte Tierart oder wurde sie domestiziert?

Danach schließt sich die Frage nach der Aufgabe des Tieres an. Das ist eine Frage, die auf der Seelenebene beantwortet werden kann. Da ist zum einen die kollektive Aufgabe der Spezies, dem das Tier angehört, zum anderen ist da die individuelle Aufgabe dieses besonderen Tieres und wieso es gerade deinen Weg kreuzt. Was verbindet euch? Welchen Impuls möchte es dir senden?

Schauen wir uns das am Beispiel des Elefanten an. Der Elefant in Afrika hat größere Ohren als ein indischer Elefant. Die größeren Ohren dienen der Kühlung, weil sie mehr Luft bewegen, wenn man mit ihnen wackelt.

Die Optik zeigt, dass der Elefant groß und grau ist, er bewegt sich eher langsam und schwerfällig und hat dabei immer zwei Beine auf dem Boden.

Seine Eigenschaften sind ruhiges, nicht aggressives Verhalten, außerdem haben Elefanten ein langes Gedächtnis. Innerhalb der Herde haben die Elefantenkühe das Sagen.

Die Aufgabe der Elefanten ist es, ihre Spezies am Leben zu erhalten, auch in Verbindung mit anderen Tieren. Wenn ein Elefant als Tierbote in mein Leben kommt, dann kann ich das als Einladung betrachten: »Erinnere dich! Aktiviere dein Langzeitgedächtnis!« Gibt es etwas Wichtiges, an das ich mich erinnern sollte? Liegt die Lösung für ein aktuelles Problem möglicherweise in der Vergangenheit? Stand ich schon einmal vor einem ähnlichen Problem und wie ist es mir damals gelungen, es zu lösen? An was erinnert mich die Situation? Ganz wichtig: Ruhig bleiben ist angesagt!

Entscheidend ist bei Tierkontakten, dass wir lernen, unseren lauten Verstand auszuschalten, der immer alles hinterfragt und viele Zweifel hat. Viel wichtiger ist es, auf dein Bauchgefühl zu hören. Was sagt dir deine Intuition? Welche Bilder, Gefühle und Assoziationen steigen aus deinem Unterbewusstsein auf? Folge diesen Hinweisen, taste dich weiter vor, gehe tiefer und nähere dich so der Wahrheit an. Lass es einfach fließen und vertraue deiner inneren Führung. Je klarer du die Botschaft verstanden hast, umso stärker wirst du ein Gefühl der Resonanz wahrnehmen, eine Übereinstimmung. »Ja, das passt!«, wirst du denken und auch fühlen.

Wenn du deinen Verstand nicht ausschalten kannst, dann mache folgende Übung: schliesse deine Augen und gehe in dich. Beruhige deinen Atem, denn der Geist folgt dem Atem. Wenn du dich auf einen ruhigen Atem fokussiert, dann wird auch dein Geist und somit dein Verstand ruhig. Tausche jetzt den Platz deines Herzens mit dem Platz deines Verstandes. Jetzt denkt dein Herz und dein Verstand fühlt. So kann dein Herz die Führung übernehmen und der Verstand ist ruhig.

Jedes Tier hat eine Botschaft für uns, wenn wir bereit sind, sie zu empfangen und zu entschlüsseln. Das folgende Nachschlagewerk wird dir mit Impulsen und Fragen helfen, deine ganz persönliche Botschaft zu verstehen und dich ihrer tiefen Wahrheit ganz intuitiv anzunähern. Zunächst aber werden wir uns im nächsten Kapitel vertiefend mit den hier skizzierten Grundlagen der Tierkommunikation beschäftigen, damit du noch mehr Nutzen und Erkenntnis aus den Tierbotschaften ziehen kannst.

2. Kapitel:
Die OELA-Methode

Eine Tierbotschaft besteht nicht nur aus dem Tier, das sich dir zeigt, sondern auch aus den Begleitumständen, dem Kontext. Diesen richtig zu entschlüsseln bedeutet, sehr viel mehr Informationsgehalt aus der Tierbotschaft zu erhalten.

Tiere haben, wie wir im vorangegangenen Kapitel gesehen haben, eine allgemeine spirituelle, mythologische und tiefenpsychologische Bedeutung, wenn sie uns im Traum erscheinen. Doch wenn dir ein Tier in der Realität begegnet, dann hat es eine ganz persönliche Botschaft an dich aus der geistigen Welt, und es ist wichtig, dass du sie möglichst korrekt entschlüsselst. Ich wiederhole: Zufall bedeutet, dass es dir zugefallen ist! Es wurde dir genau zu dem Zeitpunkt geschickt und ist richtig und wichtig, genauso, wie es sich zeigt! Der Geist spricht durch die Materie.

Mythologie und Psychologie bieten zwar generelle Antworten an, doch diese sind sehr allgemein gehalten und widersprechen sich oft. So kann das Netz einer Spinne zu deinem Schutz sein oder dir die Augen vor etwas Wichtigem verschließen. Woher sollst du wissen, was genau gemeint ist? Es ist von höchster Bedeutung, die richtige Interpretation zu kennen, damit du auch die tiefe Wahrheit der Tierbotschaft erkennen, für dich annehmen und danach handeln kannst. Aus diesem Grund geht es in diesem Buch auch nicht darum, dir alle möglichen Interpretationen der unterschiedlichen mythologischen und psychologischen Lehren anzubieten, sondern dir zu zeigen, wie es dir mit einer simplen und klaren Methodik gelingen kann, alle Aspekte der Tierbotschaft richtig zu entschlüsseln und mit Hilfe der Fragen deine eigenen medialen Fähigkeiten zu schulen.

Alle begleitenden Faktoren werden systematisch einer genauen Betrachtung unterzogen, denn bei einer Tierbotschaft gibt es keine Zufälle. Jedes Detail ist ein Bestandteil der Botschaft. Deshalb schauen wir uns alle Faktoren genau an. Und nochmal: Zufall bedeutet, dass dir etwas zufallen wird! Genau zum richtigen Zeitpunkt und ganz genau so gewollt.

2.1 Die Rolle von Lebensraum, Zucht und weiteren Faktoren

In grauer Vorzeit waren alle Tiere Wildtiere. Dann begann der Mensch, sie zu zähmen und zu züchten. Das begann in der sogenannten Vorzeit, während des Übergangs von Sammler und Jäger zum sesshaften Bauern. Der Mensch züchtete Paarhufer und Geflügel, er hielt Katzen und Hunde, um Schädlinge fernzuhalten oder um seinen Besitz zu schützen. Der Hund findet sich sogar noch vor dieser Phase, als Helfer bei der Jagd.

Erst relativ spät begannen Menschen, sich Haustiere zu halten, exotische Vögel, Katzen, Schlangen und andere Tiere. Diese Tiere sollten keinen Nutzen erfüllen, sondern dienten der Unterhaltung der Menschen. Manche Herrscher hielten sich Raubkatzen, da sie hofften, die wilden Tiere würden etwas von ihrer Eleganz und Stärke an sie abgeben.

Die meisten Menschen aber halten sich Haustiere aus Freude an ihnen. Sie sehen in ihnen Gefährten und beste Freunde. Wieso du das wissen musst? Nur, wenn wir die Vergangenheit kennen, können wir das Jetzt verstehen. Nur wenn ich weiß, wo ein Tier herkommt und wieso es sich so zeigt, wie ich es sehe, verstehe ich, was es mir sagen möchte.

Alle unsere Nutz- und Haustiere stammen von Wildtieren ab. Es gibt sogar Tiere wie die Katze oder den Hund, die nicht aktiv vom Menschen gezähmt wurden, sondern die von sich aus die Nähe zu den Menschen suchten, weil sie die Nahrungsabfälle schätzten.

Ob sich mir ein Tier in seiner Wildform oder in einer anderen Form zeigt, spielt also eine Rolle. Wildtiere machen uns oft Angst, sie erinnern uns an unsere eigene Wildheit. Domestizierte Tiere zeigen oft Verhaltensweisen, die wir ihnen beigebracht haben. Welche sind das? Erkennst du sie bei dir wieder? Woran hast du gerade gedacht, als das Tier sich dir gezeigt hat? Warst du wach oder hast du geträumt? Stelle den Kontext zu deinem eigenen Erleben und Denken her, um diesen Zusammenhang zu verstehen.

Hast du möglicherweise zuvor eine Frage an die geistige Welt gesendet? Dann kann es sein, dass die geistige Welt dir in Form der Tierbotschaft antwortet. Doch wie du vielleicht schon in anderen Zusammenhängen erfahren hast, sind solche Antworten oft verschlüsselt und voller Symbolik, die entschlüsselt werden möchte.

Beschäftige dich mit der Frage: Wie war der Werdegang? Wie hat sich das Tier im Laufe der Evolution verändert? Jeder Veränderung im Außen folgt auch eine Veränderung im Innen.

In den Zellen steckt das, was über Generationen weitergegeben wurde.

Auf der Ebene der Seelen wurden die Tiere nicht einfach gezähmt, als sie Nutztiere und später Heim- und Haustiere wurden. Das geschah auf der Grundlage von Seelenverträgen.

Seelenverträge finden zwischen den Menschen und Tieren so statt, dass man einen gegenseitigen Nutzen voneinander hatte. Deshalb entschieden sich die Tiere, mit den Menschen zusammenzuleben.

Wildtiere, die gejagt wurden, gaben sich den Menschen für Fleisch und Fell hin. Im Austausch dazu erklärte sich der Mensch dazu bereit, sich um das Tier zu kümmern und ihm Nahrung, Schutz, Wasser und Wärme zu schenken. Es war ein gegenseitiger Austausch, ein Nehmen und ein Geben, eine Balance. Der Mensch tat den Tieren kein unnötiges Leid an und schätzte und respektierte ihre Gaben.

Leider geriet dieses Gleichgewicht in Vergessenheit. Die Menschen gingen dazu über, die Tiere auszubeuten und auszunutzen und ihnen dabei großes Leid anzutun. Sie hatten keinen Respekt mehr vor dem, was ihnen die Tiere schenkten. Das ist der Punkt, an dem wir heute stehen.

Schauen wir uns den Lauf der Evolution an einigen Beispielen an. Das Wildschwein hat Borsten, es lebt im weitläufigen Wald und hat eine braune Tarnung. Das Hausschwein hat keine Borsten mehr, hat eine rosa Farbe und ist oft keinem Sonnenlicht ausgesetzt.

Das Wildschwein lebt in Rotten. Rotten bestehen aus Müttern, Töchtern etc., also weiblichen Tieren. Der Keiler nähert sich der Rotte nur während der Paarungszeit. Im engen Stall hingegen sind die Säue von den Ebern getrennt. Die Aufgabe des Schweines im Wald ist es, die Erde umzugraben, es ist eine Art »Waldpolizist« und sehr intelligent.

Ich habe die Erfahrung mit Schweinen machen dürfen, dass sie viel Vertrauen in den Menschen bekommen haben, weil der Vertrag »des Miteinanders« bestand. Der Mensch sagte zu, sich um das Schwein zu kümmern und das Schwein gab sich als Fleischlieferant hin. Damals war das miteinander Leben, das Schlachten etc. auch noch anders als heute. Denken wir an die heutigen Transporte und so weiter, so erkennen wir, wie einseitig der Mensch diesen Vertrag zu seinen Gunsten missbraucht und was diesen schönen und klugen Tieren angetan wird.

Wenn du über das Leid nachdenkst, das die Massentierhaltung verursacht, dann gehe mit einer lichtvollen Energie hinein. Mitleid hingegen vergrößert das Leid nur. Denke daran: Die Seele hat es sich zur Aufgabe gemacht, diesen Weg zu gehen.

Wenn ein Tier z.B. vom Schlachthof wegrennt, dann geht es darum, dass es auf etwas aufmerksam machen möchte. Das ist eine sehr wertvolle Aufgabe in dem Moment. Letztlich erinnern uns die Tiere so an unseren Ursprung und unsere Menschlichkeit, damit wir zur Besinnung kommen und zu den ursprünglichen Seelenverträgen zurückkehren.

Wildgänse beispielsweise ziehen im Winter in den Süden, Hausgänse hingegen bleiben hier, auch ohne gestutzte Flügel, weil sie einen Seelenvertrag mit den Menschen geschlossen haben.

Das wilde Mufflon als Vorfahr unseres Hausschafes stieß seine Wolle früher selbst ab, das Schaf hingegen hat entschieden, seine Wolle den Menschen zu spenden. Es ist heutzutage auf den Menschen angewiesen.

Das Besondere an den Seelenverträgen: Der Mensch hat die Tiere gezähmt und domestiziert. Sie haben eingewilligt, aber dafür muss er sich nun auch kümmern. Das ist unsere Pflicht auf der Ebene der Seelenverträge.

Auch der Werdegang vom Nutztier zum Heim- bzw. Haustier ist von Bedeutung. Heimtiere sind Tiere, mit denen wir unser Heim im Sinne von Hof teilen, wie Pferde oder Ziegen. Haustiere sind die Tiere, die wir mit in unser Haus nehmen wie Katzen und Hunde.

Durch Zucht griff der Mensch aktiv in die Entwicklung der Tierarten ein und züchtete sie auf bestimmte Merkmale hin. Der Mensch spielte Gott und erschuf so neue Lebewesen.

Ein Pferd, das einen Pflug oder eine Kutsche ziehen muss, muss sehr stark sein und eine ausgeprägte Brustmuskulatur haben, ein Rennpferd wiederum braucht andere Qualitäten, ebenso wie ein Springpferd.

Deutlich sehen wir das auch bei den Hunden. Ein Dackel spürt Tiere auf, der Cockerspaniel gibt Laut und zeigt Wild an, ein Labrador apportiert, wenn Enten oder Wildgänse aus der Luft geschossen werden, sogar aus dem Wasser. Sie sind Spezialisten auf einem ganz bestimmten Gebiet.

Der Lebensraum eines Tieres steht ganz allgemein für das Miteinander. Wir alle sind verwoben in ein feines Netz aus Verbindungen zu anderen. Alles, was wir tun, hat Auswirkungen auf andere, doch vergessen wir das oft, wenn wir mit uns selbst beschäftigt sind.

Tiere, die aus dem Wasser kommen oder in seiner Nähe leben, überbringen uns Botschaften, die mit unserer Gefühlswelt zu tun haben. Es sind oft Botschaften von unserer Seele.

Tiere, die fliegen können und dem Element Luft nahe sind, symbolisieren die geistige Welt und die Welt der Gedanken und Ideen.

Tiere, die nahe an der Erde leben, stehen für das Materielle, für Nahrung, Fülle oder eben den Mangel daran. Sie fordern uns auf, uns mit unserem Selbstwert zu beschäftigen.

Ein Raubtier kann entweder eine Gefahr bedeuten oder dich auffordern, selbst deine Zähne zu zeigen.

In der Steppe oder in der Wüste ist der Überlebenskampf härter als im Wald, während im Dschungel viele unbekannte Gefahren lauern, die nicht so leicht zu erkennen sind.

Manche Tiere leben im Dunkeln und sind nachtaktiv. Sie kommen zu uns mit Botschaften aus unserer eigenen Schattenwelt, von den Dingen, die wir nicht sehen möchten und lieber verdrängen.

Tiere, die in Herden leben, erinnern uns daran, dass auch wir die Gemeinschaft anderer brauchen, während Einzelgänger uns auffordern, ebenfalls unseren eigenen Weg zu gehen und uns nicht ständig Sorgen um die Meinung anderer zu machen.

Auch die Klimazonen sind von Bedeutung. Eine Tierseele sucht sich bewusst eine Klimazone aus.

Es gibt Tiere, die in allen Klimazonen vorkommen und sich angepasst haben. Die Maus beispielsweise steht für Vermehrung, doch es ist ein Unterschied, ob dir eine Hausmaus oder eine Wüstenrennmaus gezeigt wird. Eine Wüstenspringmaus verträgt Hitze und braucht kaum Wasser.

2.2 Botschaften allgemein

Um zu verstehen, welche Botschaft ein Tier für dich hat, musst du es dir ganz genau anschauen. Verlass dich auf deine Intuition. Welche Gedanken und Gefühle kommen dir in den Sinn, wenn du es anschaust? Was ist das grundlegende Thema, das in dir aufsteigt? Was fühlst du? Hast du Angst, freust du dich? Bist du verunsichert? Empfindest du Ekel? Was sagen deine Gedanken? Spüre dich hinein in den Augenblick, in diese Begegnung. Was ist gerade wichtig? An welche Erfahrungen erinnert es dich?

Alles, was sich dir in diesem Augenblick zeigt, ist Teil der Botschaft. Was ist mit dem Verhalten des Tieres? Spielt es und tollt herum? Dann ist das eine Einladung, die Dinge lockerer und spielerischer zu nehmen.

Oder liegt das Tier auf der Lauer? Dann bist du aufgefordert, dich zu fokussieren.

Ein totes Tier steht für die Botschaft, dass das Thema abgeschlossen ist. Es gibt nichts mehr, was die geistige Welt oder deine Seele dich zu diesem Thema wissen lassen möchte. Lass es los und geh weiter. Nimm Abschied von einem Thema, an dem du vielleicht schon zu lange festgehalten hast. So schaffst du Platz für Neues und Transformation.

Es kann sein, dass sich dir sogar mehrere Tiere zeigen. Dann sei aufmerksam und frage dich: Welches Thema ist am präsentesten? Was möchte es dir sagen?

Übrigens geht es nicht nur um echte Tiere, sondern auch um Tiere, die dir via Social Media angezeigt werden oder die du in Filmen siehst. Worauf es ankommt, ist das Gefühl. Spürst du, dass dieses Tier etwas mit dir zu tun hat? Hast du den Eindruck, dass diese Begegnung eine Bedeutung hat? Dann vertraue diesem Gefühl. Nimm es an und folge ihm.

2.3 Rolle der Farben

Alle Farben haben eine Bedeutung. Primärfarben wie Gelb, Rot und Blau zeigen an, dass es um allgemeine Grundthemen geht. Solche Themen sind Familie, Partnerschaft, der Wunsch nach Liebe, der Wunsch nach Veränderung, Sorgen in Bezug auf Arbeit und Geld. Blau beispielsweise steht für Gesundheit oder Krankheit, Rot für unsere Energie, für Wut aber auch für Sexualität, Gelb steht für Hoffnung und Zuversicht.

Sekundärfarben wie Grün stehen für eher oberflächliche Themen. Grün symbolisiert Geld und Wohlstand. Rosa steht für Zärtlichkeit und Liebe. Die Farbe Orange steht für Aufmunterung, Trost und Durchhaltevermögen. Pink symbolisiert Leidenschaft und Verlangen.

Tertiärfarben wie Hellgrün geben einen zusätzlichen Aspekt in ein Grundthema. Es kann für den Wunsch nach Wohlstand stehen, der aber noch nicht richtig tief geerdet ist.

Schwarz erwärmt sich schnell und steht für unser Inneres. Welche Themen beschäftigen mich, von denen sonst niemand etwas weiß?

Weiß als Farbe hingegen reflektiert Themen. Das bedeutet, wir nehmen das Thema nicht an. Es steht auch für Reinheit und Klarheit und für spirituellen Schutz. Grau als Mischung aus Schwarz und Weiß bedeutet, dass wir ein Thema nur Stück für Stück aufnehmen können oder sollen.

Für den Farbenkreis gibt es verschiedene Interpretationen. Achte darauf, was für dich stimmig ist. Schwarz kann für Dunkelheit stehen, aber auch für starken Schutz oder für eine Nachricht aus dem Schattenreich. Genau da liegen oft besondere Botschaften verborgen, die wir im ersten Moment aber nicht hören wollen. Sie können uns unangenehm sein, doch sie helfen uns dabei, uns selbst besser kennenzulernen und zu wachsen.

Ich habe eine kleine Übung zu den Farben vorbereitet, die dir hilft, klarer wahrzunehmen, was eine bestimmte Farbe im Zusammenhang mit einer Tierbotschaft für dich bedeutet.

2.4 Seelenreise »Farben fühlen«

Du stellst beide Beine auf den Boden und nimmst einen tiefen Atemzug. Du gehst in deinen Herzraum und lässt ihn mit Licht durchfluten. Du schickst deinen Herzensstrahl durch deinen ganzen Körper, hinauf zum Kopf, durch die Arme, Rumpf, zu den Beinen und den Füßen. Dein ganzer Körper ist hell erleuchtet und mit Licht durchflutet.

Du schickst einen Herzensstrahl zu Muttererde Gaia und sie schickt ihn voller Kraft und Energie zurück.

Du nimmst diesen Strahl an und in dein Herz auf.

Spüre dich hinein in die Erdung. Du schickst einen Herzensstrahl in das Universum zur Sonne und sie schickt ihn voller Liebe und Kraft zurück. Du spürst die Verbindung und Unendlichkeit. Du nimmst sie in deinen Herzraum auf. In deinem Herzen siehst du in der Ferne eine Truhe stehen und gehst auf sie zu. Wir bitten nach und nach die Geistführer hinzu, damit du dich mit ihnen verbinden kannst.

Bitte den Geistführer der Primärfarben zu dir.

Nimm jetzt einen tiefen Atemzug und bitte jetzt zum Beispiel die Farbe »GELB« zu dir, sollte das die Farbe sein, die sich dir gezeigt hat. Sieh sie klar und deutlich vor dir.

Verbinde dich mit dieser Farbe und spüre in sie hinein.

Wie fühlt sich GELB für dich an? Welche Bedeutung hat die Farbe GELB für dich persönlich?

Hat GELB eine Botschaft für dich? Mit dieser Verbindung packst du die Farbe GELB und alles, was du jetzt an Informationen und Wissen erlangen konntest, in die Truhe in deinem Herzen hinein. Mit dem Wissen, dass du jederzeit darauf zurückgreifen kannst.

Du bedankst dich beim Geistführer der Primärfarben und packst sie in die Truhe in deinem Herzen. Diese Übung kannst du für jede Farbe machen.

2.5 Bedeutung der Anzahl, Ort, Tages- und Jahreszeit und der Himmelsrichtung

Tierbegegnungen können sehr individuell sein. Es ist kaum möglich, alle Variationen zu beschreiben. Deshalb ist es so wichtig, dass du Kontakt mit deiner Intuition aufnimmst und dich von deinem Bauchgefühl leiten lässt.

Unsere Intuition weiß mehr als unser Verstand, denn sie enthält unser gesamtes Erfahrungs- und Seelenwissen, auch das Wissen unserer Ahnen und unserer spirituellen Geisthelfer. Sie meldet sich bei uns über das Gefühl, doch oft funkt dann der Verstand dazwischen und auf einmal ziehen wir unser Gefühl in Zweifel.

Wo sich dir ein Tier zeigt oder in welcher Umgebung, ist deshalb auch wichtig. Der Wald steht für unser Unbewusstes, für unsere Erinnerung, er kann auch symbolisieren, dass die Zeit stehenbleibt und wir uns dem Mythischen und Mystischen zuwenden sollen. Ein Tier in unserer Wohnung steht für unseren persönlichen Nahbereich, unser Ich, unsere Seele. Ein Tier in Gefangenschaft, etwa in einem Zoo, erinnert uns an die Einhaltung unserer Seelenverträge.

Wenn wir nachts einem Tier begegnen, dann lädt es uns ein, die noch unerforschten Bereiche unserer Seele zu erkunden, vor denen wir uns möglicherweise fürchten.

Im hellen Sonnenschein zeigt sich uns ein Tier, weil wir genauer hinsehen sollen. Wir sollen all unsere Sinne nutzen und ganz im Hier und Jetzt ankommen.

Manche Tiere treffen wir nur im Sommer. Der Sommer steht für die äußere, oberirdische Welt, für das Machen und Schaffen, für das Werden und für die Fülle. Der Herbst steht für Abschied und dafür, den Blick langsam nach innen zu richten. Er symbolisiert auch die Erntezeit. Im Winter ruht das Leben in der Natur und wir können in die nicht sichtbare, unterirdische Welt eintauchen. Viele Tiere halten jetzt Winterschlaf. Frage dich: Wie kann ich Kraft schöpfen? Was sagen mir meine Träume und meine Wünsche? Habe ich gut für mich gesorgt?

Der Frühling steht für den Neuanfang, für Aufbruch und Hoffnung. Der lange Winter ist vorbei, vor uns liegt eine lange Phase des Glücks und der Hoffnung.

Ein Tier, das sich in einer bestimmten Jahreszeit zeigt, trägt in seiner Botschaft immer auch die Bedeutung der jeweiligen Jahreszeit mit sich, denn Tiere sind eng mit den Kreisläufen und Zyklen der Natur verbunden.

Grundlagen der OELA-Methode

Gerne gebe ich dir die Bedeutungen der Himmelsrichtungen mit, so wie sie sich mir in Channelings und Interpretationen gezeigt haben. Doch ich lade dich ausdrücklich ein, deine eigene Wahrnehmung zu schulen und dich auf dein eigenes Gespür zu verlassen. Wie bei jedem Training geht es um die Wiederholungen und die Verarbeitungsphasen. Je mehr du übst und reflektierst, desto besser und schneller wirst du.

Im Osten geht die Sonne auf. Diese Himmelsrichtung steht wie der Morgen und der Frühling für den Neubeginn. Die Dinge sind noch vage und warten darauf, von uns und durch uns gestaltet zu werden. Wir können jetzt die Weichen stellen für neue Projekte, für einen Aufbruch und unsere alte Haut abstreifen.

Im Süden steht die Sonne hoch am Himmel. Hier erwarten uns Wärme und Fülle. Was wir gesät haben, darf wachsen. Doch die Sonne kann auch zu heiß sein und uns erschöpfen.

Im Westen schließlich geht die Sonne unter. Er steht wie der Abend und Herbst für die Ernte und dafür, uns anzuschauen, welche Früchte unsere Arbeit getragen hat. Das Licht ist sanfter und weicher, wir können zur Ruhe kommen und uns entspannen.

Im Norden schließlich ist die Sonne nicht zu sehen. Hier ist es kalt und dunkel, und das gibt uns die Möglichkeit, uns nach innen zu wenden, innezuhalten und Kraft zu schöpfen. Hinzu kommt, dass wir gerade einen Polsprung erleben, weg vom Norden hin zum Süden, was tiefgreifende Transformationsprozesse anstoßen kann.

Es gibt kein richtig oder falsch. Vertraue deiner eigenen Fähigkeit, Symbole und Botschaften zu entschlüsseln. Je mehr du das übst, umso leichter wird es dir fallen, auf deine Intuition zu hören.

Auch die Zahlen haben eine Bedeutung. Zahlen begleiten Menschen und Tiere schon sehr lange. Es gibt Tiere, die erwiesenermaßen zählen können. Einzelne Zahlen und Zahlenkombinationen haben eine bestimmte, uralte und überlieferte Bedeutung, die sich in der Numerologie finden lässt. Die Zahl Drei etwa gilt als magisch, deshalb begegnet sie uns so oft im Märchen, ebenso wie die Zahl 12.

0: Die Null steht für den Anfang. Sie ist alles und nichts. Sie steht zugleich für die Fülle und die Leere, das Universum an sich.

1: Die Eins ist die Zahl des Göttlichen. Sie lässt sich nicht teilen und ist die Grundlage für alle anderen Zahlen. Die Eins symbolisiert einen neuen Anfang und die Erneuerung.

2: Die Zwei ist das Symbol für die Dualität, die zusammen ein Ganzes bilden. Sie ist hell und dunkel, Licht und Schatten, Gegensatz und Widerspruch.

3: Die Drei steht für Wachstum und Erfolg. Sie bringt uns Glück und hat magische Auswirkungen auf unsere Wünsche.

4: Die Vier steht für Stabilität und den Wechsel der Jahreszeiten und den Rhythmus unseres Lebens – vier Wochen sind ein Monat, wir kennen die vier Elemente und die vier Himmelsrichtungen.

5: Auch die Fünf ist eine magische Zahl, sie verleiht unserem Wirken Kraft und Tiefe. Sie lädt uns ein, über das Vertraute hinauszuwachsen.

6: Die Sechs symbolisiert Vollkommenheit und Glück. Sie steht für Harmonie, Gleichgewicht und Einklang.

7: Die Sieben zeigt an, dass Dinge Früchte tragen, sie kann manchmal Konflikte andeuten.

8: Die Acht ist eine Glückszahl, die uns eine Wendung zum Besseren verspricht. Grosse Heilung und Balance sind möglich.

9: Die Neun steht für einen Kreis, der sich schließt. Ein Kreislauf ist abgeschlossen, ein neuer kann beginnen.

Ich finde, es gibt weder positive noch negative Zahlen. Es gibt nur beides in einem. Die Dualität wie negativ und positiv gibt es nicht und wir gewichten nur, was es für uns bedeutet. Wenn du dir nicht sicher bist, was eine Zahl dir sagen möchte, dann kannst du eine ähnliche Seelenreise machen wie bei den Farben. Frage die Hüter dieser Zahl, was sie ganz konkret für dich zu bedeuten hat.

2.6 Weiblich und männlich

Das Gesetz der Geschlechtlichkeit ist eines der sieben universalen oder hermetischen Gesetze. Die beiden Geschlechter stehen für die Dualität, für Yin und Yang. Das eine kann ohne das andere nicht bestehen.

Wir alle tragen Aspekte des anderen Geschlechts in uns. Das Weibliche wird als fühlend, empfangend, als kreisförmig und lebensspendend beschrieben, als weich, dunkel, mit der Erde verbunden.

Das Männliche ist aktiv, gebend, hell, der Bereich des Verstandes und des Himmels.

Zeigt sich dir ein Tier deines Geschlechts? Dann frage dich, wo du deine Weiblichkeit / Männlichkeit lebst und wo sie vielleicht blockiert ist, weil du bestimmte Zuschreibungen ablehnst. Dem Männlichen wird nachgesagt, dass es aggressiv ist und dominant. Das kann dazu führen, dass wir die positiven Aspekte unserer Geschlechtlichkeit ablehnen.

Frauen können sich minderwertig fühlen und passiv. Doch Weiblichkeit ist stark und fürsorglich, so wie der Mann stark und schützend ist. Um in die Ganzheit zu kommen, brauchen wir alle Aspekte. Die vermeintlichen Gegensätze ergänzen sich.

Lehnst du als Frau vielleicht männliche Eigenschaften ab, weil du schlechte Erfahrungen gemacht hast oder weil es dir von anderen vorgelebt wurde?

Blickst du als Mann möglicherweise auf Frauen herab oder fürchtest dich vor ihnen?

Nach welcher Art von Männlichkeit oder Weiblichkeit sehnst du dich, um dich ganz zu fühlen? Welche Bedeutung hat Geschlecht für dich? Welchen Bezug hast du zu deiner Sexualität? Schämst du dich oder unterdrückst du bestimmte Wünsche und Empfindungen?

Selbstverständlich hat es auch eine Bedeutung, wenn ein Tier kastriert wurde. Geschlechtlose Wesen oder solche, die zwischen den Geschlechtern stehen, wurden in vielen Gesellschaften als heilig betrachtet. Sie haben oft einen besonderen Zugang zur Spiritualität, allerdings kann es ihnen an Erdung und Kraft fehlen, weil das Wurzelchakra verschlossen ist. Gleichzeitig sublimieren solche Wesen die Kraft oft in andere Kanäle und durchbrechen Geschlechtsgrenzen. Ein Wallach zum Beispiel ist ruhiger und verträglicher, weil er nicht durch seinen Geschlechtstrieb bestimmt wird. Wo fühlst du dich vielleicht »kastriert« und von den Wurzeln deines Geschlechts abgeschnitten? Das kann bei Frauen geschehen, wenn sie keine Kinder bekommen können oder eine Unterleibs-OP hatten.

Andere Tiere unterlaufen unsere Zuteilungen von Geschlecht. Bei den Seepferdchen zum Beispiel ist es der Mann, der sich um die Kinder kümmert.

Geschlechtlichkeit kann uns auch Angst machen, wie die Gottesanbeterin, die ihr männliches Pendant nach dem Geschlechtsverkehr tötet.

Die Tierbotschaften des 2. Teils habe ich in einem intuitiven und intensiven Prozess binnen weniger Tage und Wochen gechannelt. Die geistige Welt teilte mir diese Bedeutungen mit, damit ich sie mit dir teile. Prüfe für dich bei jeder Deutung, ob sie sich stimmig anfühlt. Wir alle tragen ein tiefes Gespür für die Wahrheit in uns und meine Wahrheit muss nicht deine sein. Höre auf dich selbst! Vielleicht empfindest du anders oder hast sogar ergänzende Deutungen.

Natürlich kann ein Tier noch viel mehr Botschaften senden, als nachkommend erwähnt. Aber sie sollen in diesem Buch kurz und knackig sein und zum Nachdenken und zur Selbstreflexion anregen. Viel Spass damit und viel Mut und Durchhaltevermögen auf deinem ganz persönlichen Selbstfindungsweg!

Teil II

Die Tierbotschaften

Tierbotschaften

Aal

Aale schlüpfen in der Nähe der Bahamas und machen sich noch als Larven auf den jahrelangen Weg zu europäischen Küsten. Wenn sie erwachsen sind, geht es wieder zurück zu den Bahamas – zum Ursprung.

> Was ist das Ur-Thema? Wohin zieht es dich?
> Lasse einen neuen Kreislauf beginnen!

Aasgeier

Sie jagen nicht selbst, sondern ernähren sich ausschließlich von Aas, sind also die Müllabfuhr der Natur und verhindern die Ausbreitung von Krankheiten.

> Verarbeitung und Aufräumen der Vergangenheit.
> Welches Thema der Vergangenheit darf angeschaut und bearbeitet werden?

Achatschnecke

Sie sind die größten Schnecken der Welt und können über 30 cm lang werden. Ihr Gehäuse, in das sie sich bei Gefahr zurückziehen, ist etwa 25 cm lang und 10 cm breit.

> Denke groß! Bewirke Großes, auch wenn Ausdauer gefragt ist. Deine Heimat ist in dir. Wonach suchst du?

Ackerwinden-Trauereule

Bei der Trauereule handelt es sich um einen nachtaktiven Falter, der wegen seiner schwarz-braunen Färbung diesen Namen erhalten hat.

> Bist du wütend über den Verlust eines Menschen / Tieres, weil du zurückgelassen wurdest?
> Ein neues Leben / eine neue Erfahrung beginnt. Wir sehen uns wieder!

Adler

Er kreist hoch in den Lüften und erspäht auch die kleinste Beute dank seiner scharfen Augen. Er gilt in vielen Kulturen als Symbol für Stolz, Kraft, der Herrschaft und des Göttlichen und ist in vielen Nationen Wappentier. Die Sioux empfanden bei seinem Anblick die Anwesenheit des Großen Geistes und metaphorisch werden wir auf seinen Schwingen in die Höhe getragen.

> Weitsicht, Übersicht, königliche Reise in dein eigenes König*innen*reich. Ehre, Treue, Freiheitsdrang. Erhebe dich! Sei dir treu! Hast du den König, die Königin in dir entdeckt und erweckt?

Affe

Wenn wir an Affen denken, haben wir oft das Bild vor Augen, wie sie durch Baumwipfel mühelos von einem Baum zum anderen springen oder schwingen. Auf und ab, hin und her.

> Dir stehen viele Möglichkeiten und Wege offen. Dies ist eine Aufforderung!
> Entwickle dich und deine Idee weiter. Erfolg steht an!

Alaska-Seelachs/Pazifischer Polardorsch

Der Alaska-Seelachs, wie er im Handel und der Gastronomie oft bezeichnet wird, ist überhaupt kein Lachs, sondern gehört zur Familie der Dorsche.

> Es geht etwas nicht mit rechten Dingen zu! Etwas wird hier vertuscht! Gehe dem Geheimnis auf den Grund, denn wisse: Geheimnisse wollen IMMER gelüftet werden! Du hast für jedes Problem gleichzeitig das Werkzeug, es zu lösen!

Albino

Siehe unter »W« wie Weißling.

Alligator

Sie leben in den Süßwasserstraßen von Flüssen, Sümpfen und Seen und sind für die amerikanischen Ureinwohner Symbol für Reinigung und Heilung. Sie liegen oft stundenlang regungslos im Wasser, um dann blitzartig aus dem Wasser herauszuschießen und zuzuschlagen.

> Es geht um deine verdrängten Bedürfnisse.
> Was kommt da hoch? Schaue in die Tiefe deiner Ängste.

Alpaka

Das Alpaka ist eine in Südamerika heimische Kamelart, die wegen seiner Wolle gezüchtet wurde. Sehr auffällig sind die aufrechte Haltung und der etwas arrogante Blick von oben herab und die langen Wimpern.

> Lasse dich nicht ausnutzen! Geben und nehmen, dann geht es.
> Lasse dich nicht kleinmachen! Du bist großartig!
> Hast du Angst, belächelt zu werden? Stehe zu deiner Größe.

Alpenbraunelle

Sie ist eine typische Hochgebirgs-Bewohnerin, die bis hoch zur Schneegrenze lebt und überlebt. Bei Gefahr versteckt sie sich in Felsspalten oder unter Steinen. Sie hält es also auch unter widrigsten Bedingungen aus.

> Halte aus! Harre aus! Du bist stärker als du denkst! Nach jedem Regen folgt Sonnenschein! Du hast es fast geschafft!

Alpendohle

Alpendohlen gehören zu den Krähenvögeln. Sie leben das ganze Jahr über in großen Gruppen, in denen sie aufeinander aufpassen. Im Schwarm kommunizieren sie Stimmung und Zusammenhalt, besonders aber zwischen Paaren mit gegenseitigem Kraulen. Gemeinschaft wird bei der Alpendohle ganz groß geschrieben.

> Für wen bist du ein treuer Begleiter und wer begleitet dich treu? Es geht um die Kunst des Miteinanders! Gemeinsamkeit schafft mehr Perspektiven und noch mehr Möglichkeiten!

Alpenkrähe

Sie bevorzugt Weideland und offene Flächen, braucht zum Brüten aber Felsnischen. Anders als bei den meisten Rabenvögeln ist ihr länglicher, gebogener Schnabel, der wie die Beine knallrot ist. Im mittelalterlichen Großbritannien wird sie als Wiedergänger Artus' betrachtet, die vom Blut seiner letzten Schlacht immer noch rot gefärbt seien.

Wie steht es um deine Liebesbeziehungen? Welche Transformation steht an? Bist du bereit für die nächste Etappe und den nächsten Entwicklungsschub hin zur vollständigen, erfüllten Liebesbeziehung zu dir selbst und mit einem Gegenüber? Es geht auf und ab, und sei dir sicher! Du bist Liebe!

Alpenschneehuhn

Es lebt im Gebirge weit über der Baumgrenze und kommt sogar in Spitzbergen vor. Mit seiner immerwährend aufrechten Haltung wirkt es geradezu hochnäsig.

Wirkst du unnahbar für andere? Was in dir hältst du zurück?
Ob etwas Sinn macht oder nicht, erfährst du erst, wenn du es getan hast!

Alpensteinbock

Siehe unter »S« wie Steinbock.

Alpini (westliche Honigbiene)

Den ganzen Sommer über baut sie an ihrem Stock und sammelt unermüdlich Nektar, um daraus Futter für die Larven herzustellen und Vorräte für den Winter anzulegen.

Darfst du in einer Angelegenheit einen Abschluss finden und den Erfolg einholen?
Das klingt nach einer längeren Anspannungsphase und jetzt darfst du dich erholen und Energie tanken!

Ameise

Sie gilt als Symbol für Fleiß und Klugheit. Unermüdlich schaffen die straff organisierten Arbeiterinnen in schier endlosen Karawanen unermüdlich Nahrung ins Innere ihres Baues, um den Nachwuchs zu versorgen, überwinden dabei große Hindernisse und schleppen Lasten, die oft schwerer sein können als sie selbst.

> Gleichmäßiges Tempo ist angesagt!
> Du kannst jetzt über deine eigenen Kräfte hinauswachsen!
> Fühlst du dich stark genug? Aktiviere die Kraft in dir!

Ameisenbär

Er hat sich – wie der Name schon sagt – auf Ameisen als Lieblingsspeise spezialisiert. Er braucht keine Zähne, allerdings eine lange Zunge, um in die Bauten zu gelangen, die er mit seinen langen kräftigen Krallen aufbricht, um dann die Ameisen oder Termiten mit seiner klebrigen Zunge zu fangen.

> Achtung – längerer Aufnahmeprozess,
> aber schnelle Anziehung möglich!
> Wie gehst du im ersten Augenblick mit Neuem um?
> Nimmst du an?

Amphibien

Der Name kommt aus dem Griechischen und bedeutet »doppel-lebig«. Sie leben zu Beginn ihrer Entwicklung im Wasser und atmen durch Kiemen. Später kommen sie an Land und atmen durch Lungen. Sie waren vor vielen Millionen Jahren die ersten Lebewesen, die an Land kamen.

> Amphibien sind Botschafter von Wunscherfüllung, Entwicklung, Werdegang und Prozess. Bist du bereit weiter zu gehen? Bist du bereit für Wachstum?
> Sei offen für einfach alles!

Amsel

Sie ist einer der bekanntesten Vertreter der Drosselfamilie und ein absoluter Frühaufsteher. Sie singt schon, wenn es noch völlig dunkel ist, im Vertrauen darauf, dass die Sonne gleich aufgehen wird.

> Vertraue auf Neuanfang! Ein günstiges Ereignis steht an. Vertraust du dem großen Ganzen?

Anakonda

Die Große Anakonda zählt zu den größten Riesenschlangen der Welt und kann über 200 kg schwer werden. Sie bewohnt wasserreiche Gebiete in Südamerika mit dichter Vegetation und kann sich dort in den Bäumen aufhalten, schwimmt aber auch gerne.

> Es geht um große und sich wandelnde, eventuell sogar dunkle Gefühle! Wo stehst du mit deinen Gefühlen? Auf festem Boden? In der Höhe oder im Schlamm / Wasser? Gehe in die Bestandsaufnahme, damit du dich weiterentwickeln kannst!

Anemonenfisch

Siehe unter »C« wie Clownfisch.

Anglerfisch

Siehe unter »S« wie Seeteufel.

Antilope

Als Beutetier ist die Antilope stets wachsam und schaut sich beständig hoch erhobenen Kopfes nach Raubtieren um. Sie muss immer fluchtbereit und reaktionsschnell sein.

Sei empfängnisbereit! Neue Ideen und Themen zeigen sich dir!
Gehst du erhobenen Hauptes?
Trägst du deine Hörner offen nach oben und setzt dich für dich ein? Stehen zu dir und andere werden zu dir stehen und mit dir deinen Weg gehen!

Asiatische Tigermücke

Siehe unter »T« wie Tigermücke.

Assel

Asseln sind in mehrfacher Hinsicht seltsame Tiere. Sie haben beispielsweise sieben Beinpaare, mit denen sie aber nicht besonders schnell vorwärts kommen, atmen durch Kiemen und können sich zu einer Kugel zusammenrollen. Sie ernähren sich von abgestorbenen Pflanzen und befreien die Natur von Altem.

Ein neues Projekt steht an! Bist du bereit?
Kleine Schritte bewirken Großes!
Vom Unterbewussten ins Bewusste – Erkenntnisse stehen an!
Zieht es dich zusammen oder gehst du es an?
Du alleine entscheidest über dich und dein Leben!

Atlantiksturmtaucher

Er hat seine Brutplätze am nördlichen Atlantik, zieht nach der Brutzeit in den südlichen Atlantik und legt dabei Hunderte von Kilometern zurück. Er ist ein ausgesprochen geschickter Flieger, der Windströmungen auch bei starkem Sturm nutzen kann. Er scheint sich sogar umso wohler zu fühlen, je stärker es stürmt.

Wenn es in deinem Außen stürmt, dann frage dich: Wo in diesem Sturm befindest du dich?
Wie geht es dir damit?
Sitzen viele in deinem Boot, oder sind da viele Boote im selben Sturm?

Auerhahn

Er ist einer der größten Vögel in unseren Breiten und wird bis zu 120 Zentimeter lang. Er kann bis zu 18 Jahre alt werden. Bekannt ist er vor allem durch sein außergewöhnliches allmorgendliches Balzritual, in dem er sich stolz und aufrecht präsentiert, den Kopf weit nach oben reckt und den Schwanz zu einem Halbkreis aufspreizt.

Er erzählt vom Stolz und davon, sich zum richtigen Zeitpunkt zu zeigen und zu präsentieren.
Erwäge das Timing, dich zu zeigen! Bist du stolz auf dich und deine Taten? Dann raus damit!
Du darfst gesehen werden und dein Licht hinaus in die Welt tragen!

Auerochse

Der Auerochse oder auch Ur ist in seiner Wildform ausgerottet. Er konnte bis zu drei Meter lang und eine Tonne schwer werden.

Entdecke den ausgestorbenen wilden Teil in dir!
Ein Ur-Thema kommt hoch und möchte völlig gelebt werden. Wo bist du nicht wild, frei und am erleben?

Auster

Austern filtern pro Tag etwa 240 Liter Wasser, um an die Nährstoffe im Wasser zu gelangen. Zum Schutz gegen Feinde besitzen sie eine massive Schale, die sie blitzschnell zuklappen können = dicht machen. In seltenen Fällen verwandeln sie ein Sandkorn oder einen anderen Fremdkörper in eine Perle. Die geöffnete Auster erinnert an eine Vulva.

Die Auster erzählt vom Öffnen und Verschließen und dem Umgang mit Schmerz (Sandkorn), aus dem eine Perle werden kann.
Sie erinnert an Sexualität und an deine tiefsten Wünsche. Lebst du deine Sexualität aus? Stehst du zu ihr, oder verschließt du sie? Lebe sie aus, denn es ist das normalste der Welt!

Austernfischer

Der Name ist etwas irreführend, da Austernfischer keine Austern fischen, sondern Strandschnecken und Muscheln am Strand einsammeln. Allerdings können sie auch sehr gut schwimmen und tauchen sogar mehrere Meter tief.

Was sind deine Talente?
Was kannst du richtig gut und macht dir auch Spaß?
Setze dich damit auseinander und du kommst deiner Bestimmung, deinem Grund, warum du hier bist, deiner Lebensaufgabe, näher!

Aztekenmöwe

Sie stammt eigentlich aus Nordamerika. Es kommt aber auch vor, dass sie sich in Großbritannien und Irland als sogenannter Irrgast einfindet.

Wie kommst du mit Neuem zurecht?
Macht es dir Angst? Erweckt es Neugier? Bekommst du Lust auf mehr?
Beobachte deine Gedanken! Daraus entsteht dein Handeln, was zu Aktionen und Reaktionen führen kann.

B

Bachstelze

Der kleine schwarz-weiße Vogel mit dem typischen Wippschwanz ist in Mitteleuropa weit verbreitet, wo er auch brütet und seine Jungen aufzieht. Im Winter zieht es ihn allerdings nach Südwesteuropa, Nordafrika und in seltenen Fällen sogar bis zum Äquator.

> Du bist an nichts und niemanden gebunden! Abhängigkeiten dienen weder dir, noch deinem Gegenüber oder irgendwem sonst!
> Eigenverantwortung ist der Schlüssel zu einem gesunden und ausbalancierten Leben!
> Übernimmst du die Verantwortung (sprich; gibst du dir selbst die Antworten) für dich, deine Gedanken und dein Handeln?

Backenhörnchen

Siehe unter »S« wie Streifenhörnchen.

Bär

Der Bär wird seit langer Zeit wegen seiner Intelligenz, seiner Neugier und seines Geschicks verehrt, aber auch gefürchtet. Dieser größte fleischfressende Landsäuger war für viele Völker heilig und war mythischen Helden ein geduldiger Helfer. Denn sie haben vor fast nichts Angst und ganz besonders die Weibchen schützen ihre Jungen entschlossen. Athener

Mädchen wurden in die Obhut der Bärin Artemis gegeben. Alle Bären ziehen sich zur Winterruhe – zum kleinen Tod – in geschützte Höhlen zurück, weshalb sie auch zum Sinnbild der Wiedergeburt wurden.

> Sei mutig, kraftvoll und wisse deinen Rückzugsort!
> Bist du in dieser Balance?

Barsch

Der Raubfisch kann als Einzelgänger unterwegs sein, ist aber ebenso ein Schwarmfisch. Als Einzelgänger verteidigt er sein Revier. Im Schwarm zeigt er seine Fähigkeiten der gemeinsamen Lebensführung.

> Bist du Einzelgänger oder Schwarmfisch? Lebe beides in rechtem Maße.
> Entwickle und erweitere deine Informationsquellen!

Bartenwal

Bartenwale haben Hornplatten im Kiefer statt Zähnen, mit denen sie Krill aus dem Wasser filtern. Allerdings versammeln sie sich auch gerne, um Jungfische zusammenzutreiben und zu fressen.

> Es geht jetzt darum, Informationen zu filtern, anstatt dich zermürben zu lassen!
> Wo darfst du einen Schritt auslassen, um schneller zum Ziel zu kommen?

Baumwanze

Sie ernährt sich von Pflanzensäften und gilt deshalb in der Landwirtschaft als Schädling. Sie kann einen unangenehmen Geruch verbreiten, der an Koriander erinnert, ist aber ungefährlich.

> Ist jemand persönlich geworden oder dir zu nahe getreten? Verweise sie oder ihn höflich, aber bestimmt in seine Grenzen.

Beerenwanze

Sie lebt auf Wiesen, in Mischwäldern und auch in unseren Gärten, wo sie sich, wie ihr Name schon sagt, von Beeren ernährt. Dabei spritzt sie ihren Speichel in die Beeren hinein, um den Saft herauszusaugen. Dann aber sind die Beeren für uns Menschen ungenießbar geworden.

> Da hat dir jemand in die Suppe gespuckt! Jetzt heißt es ganz klar: Grenzen ziehen!
> Stopp und / oder Nein sagen! Übernimm die Führung und Verantwortung in deinem Leben!
> Setze dich für dich ein! Bist du es dir wert, die Verdienste für deine Taten zu empfangen?

Bekassine

Sie lebt in Mooren und feuchten Wiesen. Während der Balz ist meistens eine Art lautes Meckern zu hören, weshalb sie auch Himmelsziege genannt wird.

> Frisst du deinen Unmut in dich hinein, oder lässt du deinen Gefühlen freien Lauf?

> Teile dich und deine Gedanken und Gefühle mit!
> Woher sollst du wissen, was du denkst, solange du es nicht
> ausgesprochen hast? Raus damit!

Bellender Hund

Ein Hund, der bellend vor uns steht, weist vehement und lautstark auf etwas hin. Ganz allgemein zeigt er auf etwas, dass du beachten sollst!

> Bist du dir der Gefahr bewusst?
> Dies ist eine Aufforderung hinzuschauen.
> Stoppe und höre hin. Schaue hin.
> Atme tief ein und reagiere dann ganz bewusst.

Belugawal

Der Beluga oder auch Weißwal erhielt seinen Namen wegen der Färbung, die sich im Laufe der Jahre ändert. Neugeborene sind grau bis braun, nach einem Jahr werden sie blau und heißen deshalb »Blues« und erst nach dem fünften Lebensjahr werden sie weiß. Captain Ahab verwand zeitlebens nicht, was er mit dem »Weißen Wal« erleben musste.

> Nimmst du dir genügend Zeit, um zu verarbeiten, was du
> erlebt hast?
> Wie gehst du mit Informationen um?
> Schnell weg damit oder bewusstes Auseinandersetzen damit?
> Reinheit und Klarheit wollen erschaffen werden!
> Dies kann durchaus ein längerer Prozess sein!

Bergente

Sie wird leicht mit der Reiherente verwechselt, ist bei uns aber nur im Winter zu Gast.

> Wirst du übersehen oder verwechselt?
> Löst du in deinem Gegenüber Missverständnisse aus?
> Schaffe Klarheit in dir!
> Du kannst alles schaffen, erreichen und jeden Berg nehmen,
> wenn du für Klarheit in dir und in deinem Leben sorgst!

Bergziege

Sie ist in jungen Jahren sehr verspielt und hüpft übermütig herum. Bergziegen können meisterhaft auch steilste Hänge hoch klettern und mühelos weite Spalten überspringen.

> Sei mutig, verspielt und laut!
> Du darfst einfordern und wirst erhalten.
> Was willst DU?

Beuteltier

Beuteltiere haben alle typischen Merkmale der Säugetiere – mit einer Ausnahme: Die Jungen befinden sich meist geschützt in einem Beutel und dadurch konnten sie sich trotz aller Vorurteile und Verdrängung durch eingeschleppte Säugetiere wieder gut erhalten und verbreiten.

> Konkurrenzkampf adé! Deine Idee und du dürfen sich ohne
> Druck, Kampf und Feinde entwickeln!
> Bist du bereit für eine neue Art des Miteinanders und Füreinanders?

Biber

Der große Nager ist ein wahrer Baumeister, kann mit seinen starken Schneidezähnen Bäume fällen und Flüsse aufstauen. Das alles aber nur im Zusammenhalt der ganzen Familie, die unermüdlich an ihrer Wohnung und ihrem Lebensraum baut.

> Nimm Unterstützung an! Gemeinsam arbeiten, gemeinsam ausruhen. Wie gut kannst du annehmen?

Biene

Bienen sind fleißige Helferinnen des Menschen. Sie liefern uns Honig und sorgen dafür, dass Pflanzen sich vermehren können. Sie können nur gemeinsam in einem Staat überleben, in dessen Zentrum die Königin unermüdlich für Nachwuchs sorgt, der von den »Arbeiterinnen« versorgt wird. Für männliche Tiere ist in dieser Gemeinschaft nur Platz, wenn sie für die Befruchtung der Königin sorgen.

> Du hast deinen Platz in der Gesellschaft oder in einem Thema? Sei fleißig und ausdauernd. Dein Gelingen ist vorausgesetzt. Was ist deine ganz persönliche Aufgabe?

Bienenfresser

Er ist einer der buntesten Vögel Europas und das Weibchen ist ausnahmsweise genauso farbenfroh, wie das Männchen.

> Weißt du eigentlich, dass du einzigartig bist? Dass du richtig und wichtig bist, genauso, wie du jetzt bist? Nicht? Dann arbeite an deinem Selbstwert!

Bilch

Die Bilche mit ihrer Piratenmaske sind kleine Nagetiere. Die bei uns verbreiteten Siebenschläfer gehören dazu. Sie haben einen guten Geruchssinn und machen es sich manchmal auch in menschlichen Behausungen gemütlich. Von Mitte September bis in den Mai hinein – also volle neun Monate – rollen sie sich in ihren Höhlen zusammen und halten Winterschlaf. Sie sind dafür bekannt, richtige Naschkatzen zu sein.

> Wo darfst du deine Maske ablegen?
> Du darfst gesehen und wahrgenommen werden. Entdecke die süße Seite des Lebens!

Birkenzeisig

Beim dem kleinen runden Vogel fällt besonders der rote Stirnfleck auf. Er klettert geschickt und hängt sogar manchmal kopfüber in Baumspitzen.

> Du darfst noch größer denken als bisher!
> Als kleiner Funken in deinem Kopf entstanden, möchte dieser Gedanke Großes bewirken und noch mehr Platz einnehmen.
> Bist du bereit zu blühen?

Bisamratte

Sie ist eigentlich keine Ratte, sondern gehört zu den Wühlmäusen. Sie lebt im Wasser und ist diesem Element perfekt angepasst. Die Bisamratte ist eigentlich in Nordamerika zuhause und wurde in Europa und Asien eingeschleppt.

Das Neue holt das Alte ein. Verdränge deine Gefühle nicht,
es hat für alles Platz. Ist Scham im Spiel?
Scham ist von Außen auferlegt. Lege sie ab und lasse deinen
Gefühlen freien Lauf!

Bison

Bisons leben in großen Herden auf weiten Grasflächen, die sie durchwandern. Bei Gefahr beschützen sie ihre Kälber, indem sie sie in die Mitte nehmen und mit den mächtigen Köpfen nach außen einen Kreis bilden.

Es geht um Schutz, Sicherheit und Weite!
Reichtum ist in dir und um dich.
Sei im Vertrauen und lasse fließen!

Blässhuhn

Sie brauchen zum Brüten stehende Gewässer mit viel Bewuchs. Man sieht sie bei uns das ganze Jahr über. Während der Balz geht es um die besten Brutplätze und da kann es bei den Kämpfen tagelang so richtig zur Sache gehen.

Lebst und erlebst du deinen Gefühlsanteil in dir völlig aus?
Tu es! Denn, du hast alles und noch mehr, was du brauchst!
Die Fülle ist da! Du darfst aus dir herauskommen und dich
frei entfalten!
Du hast nicht die Gastrolle, in deinem Leben, sondern die
Hauptrolle! Lebe deine Gefühle und Emotionen vollständig
aus!

Blattlaus

Der älteste Fund einer Blattlaus stammt aus dem Trias, also von vor 200 Millionen Jahren. Sie konnten sich den Lebensbedingungen auf dieser Erde also sehr gut anpassen und so überleben. Sie ernähren sich von süßem Pflanzensaft.

> Sei beständig und passe dich dem Wandel an. Es geht um ein altes Thema, das immer wiederkommt und jetzt angeschaut werden möchte. Zu viel Detail schadet. Richte deinen Blick auf das grosse Ganze!

Blattschneiderameisen

Sie leben in tropischen Gebieten Amerikas in Staaten von mehreren Millionen Tieren. Sie schneiden Pflanzenblätter in kleine Teile und bringen sie in ihren Bau. Schön Stück für Stück und mit Pausen dazwischen. Dabei tragen sie teilweise das Zehnfache ihres eigenen Körpergewichts.

> Übernimmst du dich bei einem oder mehreren Themen/ Projekten?
> Teile dein Ziel in Etappen ein und hole so einen Sieg nach dem anderen nach Hause. Du kannst und darfst hoch hinaus – Schritt für Schritt, immer so viel du tragen kannst.

Blaukehlchen

Leider ist der kleine Vogel mit dem leuchtend blauen Kehlfleck und dem melodischen Gesang zur Seltenheit geworden. Als Zugvogel legt er weite Strecken bis nach Südspanien, Nordafrika und sogar Südasien zurück.

> Erhebe dich!
> Es liegt Heilung in der Luft, wenn du dich erkennst!
> Alles beginnt bei und in dir!

Blaumeise

Die Blaumeise kennen wir alle. Sie ist (fast) allgegenwärtig. In der Paarungszeit kommt es vor, dass das Männchen bis zu drei Weibchen begatten kann. Blaumeisen brüten zwei Mal im Frühjahr.

> Ein Detail fehlt. Zwei Drittel sind da, ein Drittel darfst du ergänzen. Was sind deine Grundbedürfnisse?
> Erfülle du sie dir!

Blaumerle

Der kleine blaue Vogel ist im Grunde sehr scheu und lebt am liebsten in Gebirgstälern. Das Männchen singt bei der Balz von der Spitze einer Bergkuppe herab, aber auch im Segelflug mit gespreiztem Schwanz, der mit einem Sturzflug endet. Bei der Jagd auf Insekten warten sie geduldig auf einem erhöhten Punkt.

> Schwankst du zwischen cool bleiben und dein Temperament zeigen?
> Die Abwechslung macht es aus!
> Du darfst schwankend sein, lebe authentisch und sei dir bewusst, dass du anziehst, was du ausstrahlst!
> Wenn du echt bist, ziehst du echte Themen in dein Feld!

Blauwal

Der Blauwal ist ein Kosmopolit. Er ist von allen Tieren, egal ob in der Luft, im Wasser oder an Land, das größte und schwerste Tier. Und dennoch eines der zärtlichsten Wesen, die wir uns vorstellen können. Er singt, um zu kommunizieren, die Weibchen umsorgen ihre Kälber über Jahre. Er kann auf der Suche nach Plankton sehr weite Strecken zurücklegen und taucht dabei sehr tief.

Tiefgang in deine Gefühlswelt ist angesagt! Größtmögliche und tiefste Gefühlserlebnisse sind möglich! Bist du bereit?

Blindschleiche

Sie tut so, als sei sie eine kleine Schlange, ist aber eine Eidechse. Wegen ihrer braun-gelben Färbung kann sie sich leicht verstecken.

Viele Fehlermeldungen stehen im Raum. Schaue ganz genau hin. Ist dir jemand nicht wohlgesinnt aber gibt sich dennoch als dein Freund aus? Wovor schleichst du davon? Wovor drückst du dich?

Blumentiere

Sie leben in Korallenriffen unter dem Meer und verfügen über eine große Anmut, Farbenpracht und Vielfalt. Sie gehören zu den ältesten Tieren der Erde.

Hast du das Gefühl, dir fehlt etwas? Erwecke diesen fehlenden Teil in dir. Es geht um alles oder nichts!

Blutegel

Sie ernähren sich vom Blut größerer Säugetiere, die sie aus mehreren Metern Entfernung im Wasser riechen und finden können. Sie können sogar das dicke Fell eines Rindes »ansägen«. Blutegel werden schon seit Jahrhunderten zur Blutentziehung verwendet, was zur Entgiftung beiträgt, während die im Speichel enthaltenen Substanzen die Blutgerinnung hemmen und Thrombosen auflösen können. Das sogenannte Eglin kann Entzündungen und Schmerzen lindern.

> Eine Reinigung steht an. Das Leben erneuert sich.
> Hast du Blutsauger / Energieräuber in deinem Leben oder Umfeld? Entferne sie und reinige dich!

Boa

Die Boa, auch Abgottschlange oder Götterschlange, lebt in Wäldern ebenso wie in Savannen und Halbwüsten. Sie lebt auf dem Boden, klettert aber auch gerne auf Bäume. Im Grunde ist sie ein superstarker Muskelschlauch.

> Komme auf den Boden der Tatsachen!
> Sei stark und handle, wenn du Impulse bekommst und ziehe dich zurück, wenn dir danach ist.

Bock
(ein männliches Tier)

Alle Böcke, ganz gleich ob Schaf, Ziege oder Gemse, verteidigen ihr Revier mit aller Kraft gegen Konkurrenten von außen.

> Tritt in Aktion!
> Sei aktiv und fordere deinen Platz ein!
> Lebe und erlebe deine männliche aktive Seite vollständig aus!
> Ganz egal ob du eine Frau oder ein Mann bist. Jedes Geschlecht trägt männliche und weibliche Anteile in sich, die gleichermassen in Balance gehalten und gelebt werden wollen.

Bohrfliege

Das eigentliche Imago der Bohrfliege lebt meist nur wenige Tage und muss in dieser kurzen Zeit alles erledigen: fressen, paaren, Eiablage.

> Jetzt geht es schnell!
> Es kommt Aufschwung und schnelle Entwicklung in dein Leben! Hast du dich gut vorbereitet und bist startklar?
> Kann es losgehen?
> Was hast du manifestiert und ins Feld gegeben?
> Etwas kommt gewandelt zu dir zurück!

Bonobo

Bonobos oder Zwergschimpansen sind uns sehr ähnlich. Sie leben friedlich in Gruppen und lösen Konflikte häufig über Sex.

> Wie löst du deine Probleme?
> Verbinde dich mit dir und der Urquelle! Tausche dich aus!
> Wir alle sind miteinander verbunden. Make love, not war!

Borkenkäfer

Der Borkenkäfer gehört zu den Rüsselkäfern und richtet an Bäumen großen Schaden an und kann Pflanzenkrankheiten übertragen.

> Achtung! Warnung vor Schäden an dir und deiner Umgebung!
> Wo darfst du dich für dich selbst einsetzen und dich wehren?

Braunbär

Sie sehen zwar aus wie Kuscheltiere, sind aber Raubtiere. Sie leben am liebsten in großen Wäldern und halten Winterruhe in einer Höhle, nachdem sie sich im Herbst eine Speckschicht angefressen haben.

> Erde dich! Bereite dich auf spielerische Weise und mit Leichtigkeit auf Fülle vor!
> Bist du geerdet und bereit anzunehmen, was kommt?
> Hingabe ist das Zauberwort!

Brauner Grashüpfer

Sie ernähren sich von Gräsern und sitzen daher meistens auf dem Boden, können aber auch ausgezeichnet hüpfen und fliegen, wenn Gefahr droht.

> Bist du in einer Notsituation?
> Ist etwas notwendig, sprich, du brauchst eine Wende in der Not?
> Erde dich und verbinde dich mit Mutter Natur, Mama Gaia, Cora – oder wie auch immer du sie nennen magst.
> Halte beide Füße auf dem Boden und gehe einen Schritt nach dem anderen.
> Dann zeigt sich der Weg (Ausweg) wie von selbst!

Braunkehlchen

Sie mögen offene Landschaften mit niedrigen Hecken, wo sie im hohen Gras ihre Nester bauen. Sie mögen aber auch Erdlöcher, um dort geschützt zu bauen und zu brüten.

> Schaue auf die Fülle in der Natur um dich herum!
> Erde dich und komme auf dem Boden der Tatsachen an!

Breitrüssler

Sie sind Käfer, deren Name sich von dem brettförmigen Rüssel ableitet und sind sehr stark gepanzert. Ihre Larven leben tief im Inneren von abgestorbenem Holz, in das sie Galerien und Gänge graben.

> Da gibt es noch so viel mehr in dir, in deinem Gegenüber und im Kollektiv zu entdecken!
> So viel Wissen und so viele unentdeckte Gefühle schlummern in der Tiefe!

> Bist du bereit, dein Spektrum zu erweitern und Neues zu
> lernen und empfangen?
> In dich zu gehen und neue Welten zu erkennen?

Bremse

Die männlichen Bremsen ernähren sich von Pollen und Nektar und tragen so zur Vermehrung der Pflanzen bei. Die Weibchen gehören zu den blutsaugenden Insekten.

> Differenziere zwischen männlich und weiblich!
> Eine W-Energie raubt die Lebensenergie, wohingegen eine
> M-Energie von Vorteil ist. Für wen entscheidest du dich?
> Bewusst – unbewusst?

Brieftaube

Früher wurden Brieftauben verwendet, um Nachrichten zu übermitteln. Die Taubenpost war der Anfang der Flugpost. Die Brieftaube eignet sich deshalb so gut für diese Aufgabe, weil sie einen starken Orientierungssinn hat, der sie immer wieder nachhause finden lässt. Sie kann in kürzester Zeit weite Strecken zurücklegen.

> Nachrichten sind unterwegs zu dir oder bereits angekom-
> men. Nimm an, was ist!
> Nach der Annahme folgt die Hingabe!
> Egal was es ist, gib dir dem Thema vollständig hin, damit es
> weiter gehen kann. Es ist IMMER zu deinem und dem
> höchsten Wohle!

Bruchwasserläufer

Er ist bei uns nur als »Durchreisender« zu sehen, denn er ist ein echter Langstreckenflieger. Von Nordeuropa hat er bis in die Tropen der Südhalbkugel einige Kilometer zurückzulegen.

> Hängst du an einem alten Thema fest?
> Wurdest du zurückgewiesen, was dir Raum und Aufgaben genommen hat?
> Was willst du? Was willst du wirklich?
> Mit deinem ganzen Bewusst- und Unterbewusstsein?
> Nimm du die Situation an oder verändere sie!

Buchfink

Buchfinken gehören zu den Sperlingen. Das Männchen markiert am Anfang der Brutzeit durch lauten Gesang sein Revier, um seine Familie vor Eindringlingen zu schützen.

> Die Mischung aus Feingefühl und klarer Ansage macht es aus! Sorge für Klarheit!

Büffel

Für die Büffel-Kuh steht der Schutz ihres Kalbes an erster Stelle, das sie viele Monate umsorgt und ernährt.

> Ein mütterliches Urthema steht im Raum.
> Wie steht es um deine Gefühle deiner Mutter gegenüber?
> Schaue auf deine mütterliche Ahnenreihe. Da liegt das Thema. Es stehen dir viele Unterstützerinnen zur Seite. Du darfst dich mit deiner Ahninnenreihe verbinden und ihre Kräfte und ihren Schutz aktivieren!

Buntspecht

Er macht seinem Namen alle Ehre mit seinem weiß, rot, schwarzen Gefieder. Im Wald ist er nicht zu überhören, wenn er morsche Bäume auf Insekten und Maden »abklopft«.

Mache auf dich aufmerksam!
Werde gehört und trete in Erscheinung!
Stehst du zu all deinen Facetten?
Du bist zu jedem Zeitpunkt richtig und wichtig, so wie du bist!
IMMER!

Buschrohrsänger

Der kleine Vogel kann seine Kopffedern zu einer frechen Haube aufstellen und sieht dann völlig anders aus. Sein Gesang ist zwar leise, aber sehr melodisch und besteht aus einzelnen Strophen, in denen er andere Vogelarten sehr gut imitiert. Ein echtes Talent.

Welche Idee brütest du still in dir?
Du darfst noch größer und weiter denken. Denn Großes ist am entstehen!
Wenn andere dich klein halten wollen, grenze dich ab, ziehe dich zurück und lasse den Reifungsprozess in dir stattfinden.

Bussard

Hat der Bussard eine Beute (Maus) entdeckt, rüttelt er zuerst in der Luft und stürzt sich dann senkrecht auf sie. Er liebt es, sich von der Thermik nach oben tragen zu lassen und in der Luft regelrechte Flugübungen einzulegen.

> Greife zu! Sei bodenständig!
> Die Antwort liegt direkt vor dir. Bist du zu sehr in deinen Gedanken und hebst gar ab? Balance ist das Zauberwort!

C

Chamäleon

Chamäleons sind Meister der Tarnung. Sie können sich praktisch an jeden Untergrund anpassen, indem sie ihre Hautfarbe ändern, sobald Gefahr droht. Außerdem haben sie einen vollständigen Rundumblick, weil sie ihre Augen unabhängig voneinander in alle Richtungen drehen können.

> Das Chamäleon warnt und weist auf Tarnung.
> Wo darfst du anpassungsfähiger werden und wo deine Tarnung aufgeben? Bei welchem Lebensthema ist eine vorübergehende Tarnung sinnvoll? Echt und authentisch bist du, wenn du keine Tarnung mehr brauchst!

Chinchilla (Wollmaus)

Viele von uns wissen über Chinchillas nur, dass man wunderschöne Mäntel aus ihrem Fell machen kann. In letzter Zeit werden sie aber auch als Haustier immer beliebter. Wenn sie in der Dämmerung aktiv werden, wollen sie laufen, springen und möchten viel Abwechslung.

> Was willst du? Was willst du nicht (mehr)?
> Alle Richtungen und Möglichkeiten stehen dir frei!
> Sei liebevoll mit dir und du erfährst liebevolle Zuwendung!

Chipmunk

Siehe unter »S« wie Streifenhörnchen.

Clownfisch

Clownfische sind typische Bewohner von Korallenriffen, wo sie in der Nähe von, aber auch in See-Anemonen leben, die ihnen zwischen ihren Tentakeln perfekten Schutz vor Feinden bieten, da der Clownfisch immun gegen das Gift dieser Tentakeln ist. Dafür verteidigt der Clowfisch »seine« Anemone, liefert ihr Futter und entfernt Schmutz und Abfall.

> Der Anemonenfisch ist Botschafter von Symbiose!
> Was passt für dich nicht zusammen, möchte aber zusammen sein? Raus aus dem Widerstand, rein in die Harmonie.

Dachs

Dachse halten sich gerne in Höhlen auf, in denen sie auch ihre Jungen großziehen. Wann immer eine Gefahr droht, verschwinden sie blitzschnell darin. Dort halten sie auch ihre Winterruhe. Dachse sind ausgesprochen verspielt und spielen sogar u. a. mit Füchsen. Sie wissen genau, wie stark sie sind und klauen auch schon mal anderen das Futter weg.

Sichere dir deinen Rückzugsort! Fühlst du doch in deinem Zuhause und mit einen Nachbarn wohl?
Sei auch mal frech und gönne dir viel!

Damhirsch / Damwild

Mit seinem gepünktelten Fell und dem auffälligen weißen »Spiegel« am Hinterteil ist der Damhirsch eine echte Schönheit der Wälder. Die männlichen Tiere bilden ein weit ausladendes Schaufelgeweih aus, das jedes Jahr eine Stange mehr hat und bis zu 95 cm lang werden kann.

Genieße Fülle in großem Stil! So ziehst du noch mehr davon an!
Findest du dich schön? Stehst du zu deiner Schönheit? Das solltest und darfst du!

Degu

Er gehört zur Gattung der Strauchratten und stammt ursprünglich aus Chile, wird aber bei uns schon länger als Haustier gehalten. Die Hinterbeine sind etwas länger, sodass er sehr gut springen kann. Sie sind tagsüber sehr aktiv mit kurzen Phasen des Ausruhens. Dann geht's weiter.

> Es geht hoch hinaus! Trau dich!
> In kurzen Phasen aktiv und passiv sein.
> Wie ist dein eigener Rhythmus? Auf jede Anspannungsphase sollte eine ebenso lange Erholungsphase folgen.

Delfin

Sie sind im Wasser lebende Säugetiere und stehen für Sanftmut, Liebe und Weiblichkeit. Sie sollen schon viele Schiffbrüchige und Ertrinkende gerettet haben. Sie vermittelt Leichtigkeit, Verspieltheit und Feingefühl, sie können springen, gleiten, turnen. Schauen wir ihnen ins Gesicht, scheinen sie beständig zu lächeln und kranke Menschen finden Heilung im Kontakt mit ihnen.

> Entdecke die Vielfältigkeit in dir. Folge deinen Träumen!
> Bleibe optimistisch und vertraue auf deine Intuition. Dein Herz kennt den Weg!

Dingo (verwilderter Haushund)

Er stammt ursprünglich von domestizierten Hunden ab, die wohl mit den ersten Seefahrern aus Asien nach Australien kamen. Einige dieser Haushunde verwilderten mit der Zeit.

> Was in dir möchte völlig unabhängig von anderen Menschen sein?

Dinosaurier

Der Name Dinosaurier trägt das altgriechische Wort für »schrecklich, gewaltig« in sich. So groß sie auch gewesen sein mögen, starben doch alle am Ende des Erdmittelalters aus. Alle? Nein. Wer Hühner besitzt weiß, dass sie die Nachfahren dieser alten Reptilien sind. Sie sind immer noch unter uns.

> Lasse alle deine alten Vorstellungen los, damit sie sich weiterentwickeln können. An welchen Glaubenssätzen hältst du fest, obwohl du sie gehen lassen darfst? Wandel ist unaufhaltsam und gehört zu dieser Welt dazu. Schaffe Platz für Neues!

Distelfink

Der Distelfink oder Stieglitz ist allein schon wegen seiner Farbenpracht nicht zu verkennen. Er lebt in großen Schwärmen und ernährt sich von Körnern. Er nistet gern weit oben in Bäumen oder hohen Sträuchern. Früher wurde er gerne in Käfigen gehalten und sogar gegessen.

> Breite dich aus! Liebe das Leben und lasse allem freien Lauf! Welche Widerstände halten dich noch auf? Erkenne sie, damit es weiter gehen kann!

Dorsch / Kabeljau

Der Dorsch ist ein Raubfisch und lebt in großen Verbänden bevorzugt in kalten Gewässern. Ein Weibchen legt mehrere Millionen Eier.

> Dieser Fisch ist das Symbol für »Fülle steht an«.
> Bist du bewusst oder unbewusst im Mangeldenken? Es gibt immer genug! Jederzeit! Wenn du den Mangel aufhebst und abgibst, kann die Fülle und Erfolg in dein Leben kommen.

Dohle / Turmkrähe

Sie gehört zu den Rabenvögeln, ist aber deutlich flotter und wendiger unterwegs und lebt oft in alten Gebäuden. Sie steht für die Überbringung von Nachrichten und Botschaften und bringt Licht ins Dunkle.

> Du darfst ein kleines und magisches Glück annehmen! Es ist für dich bestimmt!
> Das ist ein Zeichen, eine keine Botschaft vom Jenseits an dich. Von welchem Verstorbenen ist es?

Drache

Drachen sind fliegende, feuerspeiende Fabelwesen und können vielerlei Gestalt annehmen. Sie gelten als sehr weise. Drachen vereinen die vier Grundelemente Erde, Luft, Feuer und Wasser in sich. Ihre Lebensweise wird mit Rückzug und einem Dasein als Einzelgänger beschrieben, die hin und wieder auch einen mächtigen Schatz bewachten.

> Der Drache ist in China das Glückssymbol schlechthin.
> Was sind deine geistigen Grundbedürfnisse? Wer sind deine geistigen Helfer?

Dreizehenmöwe

Sie ist von allen Möwen am stärksten ans Meer gebunden und brütet nur auf Helgoland. Warum auch immer fehlt ihr die Hinterzehe.

Wohin gehörst du und wo fühlst du dich wohl und zu Hause? Hast du das Gefühl, dir fehlt etwas?
Lasse dich von deinen Visionen tragen! Deine Sehnsucht kennt den Weg!

Dreizehenspecht

Verglichen mit anderen Spechten wirkt er eher unscheinbar und ist auch seltener zu hören.

Hast du das Gefühl, übersehen zu werden?
Transformiere deine Schüchternheit und Zurückhaltung in Glanz und Ausstrahlung. Erst, wenn du für andere sichtbar und hörbar bist, kommst du in deine Erfüllung! Deine Gaben und Talente dürfen und sollen wahrgenommen werden!

Dromedar

Es ist perfekt an die Wüste angepasst und diente lange Jahre als ideales Transportmittel durch karge Landschaften. Ein wahres Arbeitstier! Deshalb genießt es hohes Ansehen und steht für Durchhaltevermögen. Die ursprünglichen Wilddromedare existieren heute nicht mehr. Dromedare in freier Wildbahn sind meist ehemalige Haustiere.

Harte Arbeit, gepaart mit Glück, zahlt sich aus.
Hast du deine wilde Seite vollständig im Griff?
Willst du das überhaupt?

Drossel

Bei der Drossel sehen Männchen und Weibchen in ihrem Prachtkleid gleich aus, sind also nicht zu unterscheiden.

> Drosseln übermitteln die Botschaft: Abgrenzung!
> Hast du ein Ablehnungsthema in Bezug auf Weiblichkeit,
> insbesondere im Bezug auf ein Schwesterthema?
> Die Aufgabe besteht darin, die Blockade aufzulösen! Dafür
> gibt es immer viele Möglichkeiten!

Drüsenameisen

Sie können über eine Drüse ein scharfes, brennendes Sekret absondern, wenn sie sich bedroht fühlen. Gelangt das Sekret auf die Haut, bilden sich rote Quaddeln. Sie leben in Ameisenstaaten im Wald. In ihren Ameisenhaufen herrscht strikte Arbeitsteilung. Alle wissen, was sie zu tun haben. Nur so kann das große Ganze funktionieren.

> Bist du in deiner Mitte? Was tust du dafür, in Balance zu
> bleiben? Die Technik ist das A und O.

Dünnschnabel-Brachvogel

> Seit 1995 wurde kein Dünnschnabel-Brachvogel mehr gesichtet, zuletzt in Ungarn. Weil er so stark bejagt wurde,
> droht ihm das Aussterben. Er ist damit die seltenste Vogelart Europas. Du bist eine Sensation!
> Achte dich und andere werden dich achten!
> Du darfst an deiner Durchsetzungskraft arbeiten. Sie stärken und weiterentwickeln!

E

Eichelhäher

Sie gehören zu den Rabenvögeln und werden auch »Wächter des Waldes« genannt, denn das Wort Häher stammt von Hüter ab. Sie können meisterhaft Geräusche und Stimmen imitieren. Sie sind immer während einer Brutsaison monogam und wechseln in der nächsten den Partner. Intelligent wie er ist, sorgt er vorausschauend, indem er große Vorräte für schlechte Zeiten anlegt.

Der Eichelhäher bringt die Botschaft von Harmonie und Gesang aus dem Jenseits.
Erde dich, liebe das Leben und vergesellschafte dich! Wer gehört zu dir und wer nicht (mehr)?

Eichhörnchen

Sie sind flink, fleißig und ständig auf der Suche nach etwas zu essen. Geschickt hüpfen sie von Baum zu Baum, Stamm hoch, Stamm runter und erreichen auch die dünnsten Zweige, weil sie so leicht sind. Der buschige Schwanz dient ihnen dabei als Balancierstange. Sie scheinen ständig in Bewegung zu sein. Im Herbst sammeln sie in weiser Voraussicht u. a. Nüsse als Wintervorrat, da sie sich keine Speckschicht anfressen können. In der nordischen Mythologie lebt das Eichhörnchen in den Zweigen Yggdrasils und springt zwischen den verschiedenen Welten hin und her.

Sie sind also Vermittler zwischen den Welten und geben das genauso als Botschaft weiter. Bei welchem Thema darfst du vermitteln?
Es mahnt auch zur Vorsorge für spätere Zeiten. Sorgst du dich genügend um dein materielles Wohlergehen?

Eidechse

Sie leben einzeln und ziehen sich bei Gefahr blitzschnell in eine Felsspalte oder Höhle zurück. Eine überraschende Fähigkeit ist, dass sie ihren Schwanz einfach abwerfen können, der später wieder nachwächst.

Die Eidechse warnt vor Missverständnis und Enttäuschung (= Ende einer Täuschung).
Hast du missgünstige Menschen in deinem Umfeld?
Sorge für Klärung!

Einfarbstar

Er ähnelt dem Star, ist aber durch und durch einheitlich schwarz. Männchen und Weibchen sehen völlig gleich aus. Sie jagen im Familienverband, treffen sich aber abends mit allen anderen Einfarbstaren bei ihren Schlafplätzen.

Was bedeutet Einheit für dich? Wo und zu wem gehörst du? Als ganz eigenständiger Part. Deine Einzigartigkeit macht dich aus und das darfst du in die weite Welt hinaustragen!

Einhorn

Das Einhorn ist ein pferdeähnliches Fabeltier mit einem langen, geraden Horn in der Mitte der Stirn. Es ist das edelste unter ihnen und gilt als unsterblich. Meistens ist es reinweiß. Dem Horn werden heilende Kräfte zugesprochen, und die Tränen eines Einhorns können Tote ins Leben zurückholen.

Das Einhorn bringt die Botschaft: Gutes steht bevor!
Es ist selten, kostbar und spirituell. Schaue tief in dich!
Erkennst du das Gute, den/die HeilerIn in dir? Du wirst gebraucht! Lasse dein Licht hell erstrahlen!

Eisbär / Polarbär

Sie leben in den nördlichen Polarregionen und sind mit ihrem weißen Fell perfekt an ihre Umwelt angepasst. Gegen die Kälte futtern sie sich eine dicke Fettschicht an. Über ihrem dichten Unterfell sorgen die äußeren Fellhaare, die nicht weiß, sondern transparent sind, für eine gute Isolierung. Trotz ihrer Größe können sie an Land sehr schnell laufen und sind auch geschickte und ausdauernde Schwimmer.

> Es kommen Klarheit und Bewegung auf dich zu!
> Es braucht wenig, um Wärme und Licht in eine Situation zu bringen. Wo und was darfst du klären?

Eisente

Sie ist die kleinste Tauchente und brütet in Nordskandinavien und auf Island. In der Balz fliegen die Männchen mit hochgestrecktem Kopf den Weibchen hinterher, um ihnen zu imponieren und werfen beim Rufen den Kopf weit nach hinten auf den Rücken.

> Du faszinierst andere! Bringe dich zur Geltung! Du hast Klarheit in dir, die ausgelebt werden möchte, gehört und gesehen werden soll! Bist du bereit, deine Aufgabe in der Gesellschaft anzunehmen?

Eishai

Siehe unter »G« wie Grönlandhai.

Eistaucher

Der schaurig-schöne Ruf des Eistauchers ist unvergesslich. In ihm klingt die Einsamkeit der nordischen Wildnis. Mit einem leisen Hupen verständigen sie sich mit ihrem Partner oder ihren Jungen.

> Fühlst du dich einsam? Wie kommst du mit dir klar?
> Du darfst lernen und verstehen, dass du nicht alleine bist,
> sondern All-eins. Mit allem verbunden. Verbinde dich mit
> deinem Herzen und du bist verbunden mit allem.

Eisvogel

Der schillernde Eisvogel mit seinem eisblauen Gefieder lebt überall dort, wo fließende Gewässer mit Fischbeständen zu finden sind. Er kann stundenlang geduldig auf einem Ast sitzen und dann blitzschnell ins Wasser abtauchen, um »seinen« Fisch zu fangen.

> Gib dir und deinen Gefühlen Zeit! Etwas möchte wieder ins
> Fließen kommen! Was in dir darf »auftauen« und ins Fliessen kommen, indem du es auslebst?

Elch

Sie sind eher einsame Gesellen, die sich nur im Winter zu kleineren Gruppen zusammenfinden. Wegen ihrer Größe brauchen sie sich kaum vor Raubtieren zu fürchten und eine Elchkuh kann ihr Kalb sehr wirksam beschützen. Trotzdem sind Elche überaus gutmütig. Der Elch wurde deshalb zum Nationaltier Schwedens gekürt.

> Bleibe ruhig! Hier wirken große Kräfte für dich!
> Kommst du mit der großen Kraft in dir klar? Nutzt du sie weise?

Elefant

In der Ruhe liegt die Kraft. Der Elefant zeigt uns, dass wir mit Hektik und Unruhe auch nicht schneller vorwärts kommen. Er handelt stets überlegt und voraussehend, wobei ihm auch sein sprichwörtliches langes Gedächtnis zugutekommt.

> Erinnere dich! Gehe in dein Inneres! Dort sind alle Antworten auf alle Fragen!
> Einen Schritt nach dem anderen, oder maximal zwei.
> Bist du zu schnell unterwegs? Weißt du, wer du bist? Bist du dir deiner Aufgaben bewusst?

Elster

Sie gehört zu den Rabenvögeln und besticht durch Frechheit und hohe Intelligenz einerseits und ihr diebisches Verhalten andererseits. Denn während der Paarungszeit sammelt das Männchen glitzernde Gegenstände, um seiner Angebeteten zu imponieren.

> Feiere dich! Schmücke dich und deine Umgebung!
> Ein Funke möchte zünden. Fühlst und beschenkst du dich selbst genug? Erinnere dich; es beginnt mit und in DIR!

Emu

Er ist der inoffizielle Nationalvogel Australiens und kann zwar nicht fliegen, dafür aber unglaublich schnell rennen.

> Gedanken, Träume und Visionen möchten manifestiert werden.
> Was darfst du tun und umsetzen? Eine schnelle Aktion oder ein rasches Handeln sind gefragt!

Engerling

Als Engerlinge werden die Larven von Maikäfern und Junikäfern, aber auch von Rosenkäfern bezeichnet. Einige ernähren sich von verrottenden Pflanzenteilen, andere von lebenden Wurzeln, zu denen sie sich mit ihren starken Beinen ins Erdreich graben. Dabei zählt vor allem der Engerling des Maikäfers als Schädling.

Achtung vor Zerstörung! Was nagt an deinen Wurzeln?

Ente

Sie kann sowohl gut schwimmen, als auch gut fliegen und lebt damit ein Gleichgewicht zwischen den beiden Elementen.

Begegnet dir eine Ente, steht das für Glück, Wohlstand und Ansehen. Ehre und achte dich.
Wie sind deine Gedankengänge? Achte auf sie, denn sie sind der Ursprung deiner Gefühle und Handlungen!
Achtest du (genug) auf deinen Ruf?
Was bedeutet dir dein Ruf?
Gehst du deinen Weg, trotz Einwände anderer?

Erdmännchen

Sie leben in Südafrika in Halbwüsten oder Savannen in Kolonien mit einer klaren Hierarchie. Während die anderen fressen, hält immer ein Tier aufmerksam Wache und meldet Gefahr mit einem Warnschrei. Sie sind ausgesprochen neugierig.

Aufmerksamkeit ist angesagt!
Wo darfst du ganz genau hinschauen?

Erdmolch/Erdsalamander

Man kann ihm nicht nachsagen, dass er hinterhältig ist. Er signalisiert mit leuchtendem Gelb: Giftig, toxisch! Warnung. Das Salamandrin ist ein Krampfgift, das auf das zentrale Nervensystem wirkt.

> Wo ist die Lösung, das Gegengift für ein toxisches Problem oder Thema? Wenn ein Problem existiert, ist da auch immer gleichzeitig die Lösung! Du musst nur offen sein für viele und verschiedene Lösungswege!

Esel

Der bockige, sture Esel. So kennen wir ihn. Er galt schon immer als der arme Verwandte des Pferdes. Er ist ausgesprochen trittsicher und ist auch heute noch Lastenträger in unwegsamem Gelände, aber wenn er etwas nicht tun möchte, will er nicht und macht dies auch unmissverständlich klar, denn er weiß genau, warum. Er will überzeugt werden. Wenn es ihm zu dumm wird, kann es auch das sehr deutlich kommunizieren. Esel sind aber auch mutig und stellen sich der Gefahr, anstatt zu flüchten.

> Stehst du zu dir? Hast du leichtsinnig nachgegeben? Vertrete deinen eigenen Standpunkt! Wenn nötig, suche die direkte Konfrontation! Die Botschaft lautet klar, laut und deutlich: Flucht nach vorne!

Essigfliege

Siehe unter »O« wie Obstfliege.

Eule

Sie ist ein Nachttier und eine Meisterin der Jagd, fliegt geräuschlos, hört ausgesprochen gut und sieht ausgezeichnet. Ihr eindringlicher Blick scheint in unser Inneres zu dringen und schon immer galt die Eule als ein geheimnisvolles Wesen. In der griechischen Mythologie ist sie das Begleittier der Göttin der Weisheit – Athene. Daher stammt wohl auch der Spruch, es sei nutzlos, Eulen nach Athen zu tragen.

> Die Eule als Hüterin und Botschafterin von Weisheit sagt dir: informiere dich neu, lerne dazu.
> Beschäftige dich mit deinem Unterbewusstsein. Was möchte hoch?
> Wenn dein Geist nicht zur Ruhe kommt, dann beruhige deinen Atem. Der Geist folgt dem Atem. Dann kann auch Ruhe und Klarheit einkehren.

Falke

Der Jäger der Lüfte kreist am Himmel, beobachtet geduldig und stürzt sich genau im richtigen Augenblick pfeilschnell auf seine Beute. Er bewacht den Pharao in seiner Grabstätte, wird mit dem Blitzschlag in Verbindung gebracht und seine Sehkraft ist legendär.

> Nimm nicht, sondern lass dir geben, lass dir zukommen! Ein Geschenk kommt schneller, als du denkst! Warte auf den passenden Zeitpunkt! Geduld ist angesagt! Wenn du zielstrebig bist, bist du erfolgreich!

Fangschrecke

Siehe unter »G« wie Gespensterschrecke.

Fasan

Das Fasanenmännchen glänzt mit buntem Gefieder, während das Weibchen eher unauffällig braun gefärbt ist. Fasane fliegen nur, wenn sie müssen und brüten an geschützten Stellen gut versteckt unter Gebüschen am Boden. Wo der Fasan lebt, soll die Erde fruchtbar sein, heißt es im Volksglauben.

> Begegnet dir ein Fasan, kündigt er dir Glück, gute Gesundheit, Lebensfreude und Erfolg an.

Worum geht es in einem aktuellen Lebensthema? Um annehmen oder ablehnen? Zeigen oder tarnen? Schein oder Sein? Lebst du deine ganz eigene Authentizität? Voraussetzung dafür ist, dass du weisst, wer du bist, was du willst und was deine Lebensaufgabe ist. Du darfst scheinen, wenn dir danach ist!

Faultier

Das aller langsamste unter ihnen ist das Dreifinger-Faultier. Außerdem haben sie das langsamste Verdauungssystem aller Säugetiere. Meist hängen sie mit dem Rücken nach unten in einem Baum und sehen die Welt quasi umgekehrt herum. Bequem dabei ist, dass sie ihren Kopf um fast 270 Grad drehen können.

Die Botschaft lautet: Du sollst faul sein, um kreativ sein zu können!
Ändere deinen Blickwinkel und sieh die Welt kopfüber!
Denkst du zu viel, anstatt auf dein Herz zu hören? Tausche deren Plätze! Denke mit dem Herzen und fühle mit dem Verstand!

Feldhase

Die Häsin kann während der Tragzeit wieder trächtig werden – sicher ist sicher – und deshalb können sich in ihrer Gebärmutter Embryonen verschiedener Stadien befinden.

> Die Botschaft ist: Fruchtbarkeit und »mehrere Eisen im Feuer haben«.
> Oder aber es mahnt auch vor Überlastung und Überarbeitung. Zu viel des Guten kann schaden. Wie kommst du mit der Menge klar? Merke; die Dosis macht das Gift aus!

Feder

Federn reagieren auf den leisesten Windhauch und tragen doch schwere Vögel in den Himmel. Historisch betrachtet schrieben alle, die schreiben konnten, mit Gänsefedern, die regelmäßig beschnitten werden mussten, damit sie scharf blieben. Eine Feder stammt immer von einem Vogel und es liegt nahe, sie damit in Verbindung zu bringen – oder mit einem Engel, einem eigenen Schutzengel, der den beschützt, der die Feder findet.

> Schärfe deine Sensibilität! Du bist geschützt und geführt! Himmlische Unterstützung ist unterwegs zu dir. Bitte und dir wird gegeben – das ist ein Gesetz der Natur!

Feldmaus

Sie bewohnt vor allem offene, landwirtschaftlich genutzte Äcker, Wiesen und Weiden. Sie lebt in Kolonien in komplexen Erdbauten, deren Eingänge über ein verzweigtes System langer Gänge miteinander verbunden sind, über die sie auch von eindringenden Feinden flüchten kann. Abhängig vom Nahrungsangebot vermehrt sie sich stärker oder schwächer.

> Begegnet dir eine Maus, weist sie auf die Botschaft von Strategie und Miteinander hin!
> Es gibt immer viele Wege! Halte dir mehrere Möglichkeiten offen!
> Darfst du deine Strategie neu überdenken? Gibt des einen anderen Weg, als den, den du eingeschlagen hast?

Felsentaube

Sie ist eines der erfolgreichsten Tiere weltweit mit einer enormen Anpassungsfähigkeit. Sie lebt in den Städten und lässt sich trotz intensivster Bemühungen nicht vertreiben. Sie trotzt selbst widrigsten Bedingungen.

> Für dich heißt das: Du bist erfolgreich! Was auch immer du tust. Du bist richtig und wichtig und wirst gebraucht, so, wie du bist.

Feuerwanze

Feuerwanzen haben einen auffallend schwarz-rot gefärbten Panzer und rotten sich oft in beinahe beängstigenden Ansammlungen zusammen, sobald es nach dem Winter wieder sonnig ist. So gefährlich sie aussehen – sie sind vollkommen harmlos. Aber der Trick funktioniert.

Bei dieser Botschaft geht es um Lebenskraft und Lebenspower! Wie wirkst du nach Außen hin? Schätzen andere dich falsch ein? Nehme sie dich als gefährlich oder harmlos wahr? Wie ist deine Selbstwahrnehmung? Wenn du etwas ändern möchtest, dann darfst du bei dir anfangen! Danach folgt das Aussen.

Fink

Alle Finken singen, um ihr Revier abzugrenzen und Weibchen anzulocken.

Auf welcher Frequenz sendest du? Sei bei dir, denn du kannst nur senden. Was das Gegenüber empfängt, ist seine Sache!
Wie drückst du dich aus? Wirst du gehört? Was willst du sagen?

Fisch

Fische können sich nach Bedarf in Süßwasser oder Salzwasser aufhalten und sich den Lebensumständen anpassen. Sie verbringen ihr ganzes Leben im Wasser. Der Fisch symbolisiert Geld und Gefühle. In der Alten Lehre spielten Fische eine besondere Rolle, weil sie in dem Element leben, aus dem alles Leben auf der Erde einmal entstanden ist.

Wie anpassungsfähig bist du? Respektierst du deine Gefühle? Kannst du dich treiben lassen? Deinen Gefühlen freien Lauf lassen?
Ist Verborgenes sichtbar, greifbar oder nicht? Beobachte ganz genau! Habe Geduld und bleibe in der Ruhe! Dann läuft alles im Flow!

Fischotter

Er ist einer der besten Schwimmer unter den Landraubtieren und mit seinem dicken, isolierenden Fell und den Schwimmhäuten perfekt an das Leben an Land und im Wasser angepasst. Eigentlich sind sie Einzelgänger, doch die Weibchen kümmern sich rührend um ihre Jungen, die sie sogar beim Rückschwimmen auf dem Bauch tragen.

Der Fischotter symbolisiert Anpassung und Miteinander. Kümmerst du dich liebevoll und beschützend und selbstbestimmt um dich und deine Liebsten?

Fitis

Wenn der Fitis in seinem Brutgebiet angekommen ist, versuchen die Männchen eifrig, gleich mehrere Brutplätze zu besetzen und auch gleich mehrere Weibchen anzulocken.

Wie steht es um deine Kommunikation? Redest du anderen nach dem Mund, oder vertrittst du deine eigene Meinung? In der Stille kannst du dein Herz hören! Dein Herz kennt alle Antworten. Es ist direkt verbunden mit der Urquelle und weist dir jeden Weg!

Flamingo

Flamingos werden grau geboren und bilden erst im Erwachsenwerden die auffällige rosa Farbe, für die sie so bekannt sind. Dazu sind sie aufrecht stehend bis zu 1,50 m hoch.

Die Botschaft lautet: Falle auf! Du darfst herausstechen und gesehen werden! Bist du bereit dafür? Lebe und erlebe deine Einzigartigkeit! Und denke daran; es gibt viele von dir!

Fledermaus

Sie sind kleine fliegende Insektenfresser, die sich per Ultraschall orientieren und so den Eingang zu ihrem Unterschlupf finden. Eine einzigartige Weise der Orientierung. Sie haben sich als einzige Säugetiere den Luftraum erobert und wohnen in Fels- oder Baumhöhlen dicht aneinander gekuschelt, um sich gegenseitig zu wärmen und auch, um sich vor Feinden zu schützen. Die Gemeinschaft schützt die Einzelnen. Dennoch assoziieren wir mit ihnen den Bund mit dem Bösen, dem Unheimlichen und sagen ihnen nach, mit Zauberei und Hexenwerk zu tun zu haben. Im Mittelalter wurden sie oft Opfer der Alchemisten.

Fledermäuse sind Botschafter für neue Kommunikationswege und weisen darauf hin, dass viele und verschiedene Quellen möglich sind. Wir sind immer viele!
Um dich selbst und neue Ideen zu entwickeln, suche Rat und Schutz im Weiblichen! Lebst du die Frau und die weiblichen Aspekte in dir?

Fleischfliege

Sie legen ihre Eier in Aas oder Kot ab, in dem dann die Larven heranwachsen. Einige legen sie auch an Eingängen von Regenwurmgängen ab, wo die Larven nach dem Schlüpfen in die Würmer eindringen.

Hast du Schmarotzer in dein Leben zugelassen und weißt jetzt nicht, wie du sie wieder loswerden kannst?
Energieräuber und Ärgermacher ziehst du dann in dein Leben, wenn du dich auf das Niveau herablässt. Erhebe dich und konzentriere dich auf das, was du möchtest (anstatt auf das, was du nicht möchtest!).

Fleischfresser

Als Fleischfresser werden Tiere, Pflanzen und Pilze bezeichnet, die sich von tierischem Gewebe ernähren. Auch viele Menschen essen Fleisch, ohne sich groß Gedanken darüber zu machen.

> Wie sehr brauchst du andere? Bist du (zu sehr) von anderen abhängig?

Fliege

Sie sind vor allem im Sommer überall um uns herum, ganz besonders auf dem Land. Sie können ganz schön nerven, wenn sie etwas gefunden haben, das sie angelockt hat, was wir aber selbst essen oder trinken wollen. Sie summen uns um die Nase, kitzeln uns und sind echte Plagegeister.

> Liegen Streitigkeiten in der Luft? Braut sich etwas zusammen?
> Was macht dich nervös und / oder gereizt? Schaue hin, nicht weg!

Floh

So klein der Floh auch sein mag, kann er doch, wenn er denn einmal bei uns Einzug gehalten hat, mit seinen Bisswunden sehr nerven, ob er nun von unserer Katze oder unserem Hund von draußen mitgebracht wurde, oder ob er sich einfand, weil die Wohnung verwahrlost ist oder weil er von jemandem auf uns übergesprungen ist. Die Stiche jucken nämlich sehr.

> Es geht um ein kleines, wutmachendes Thema. Der Auslöser
> kam von außen!
> Hast du Schuldgefühle? Fühlst du dich schmutzig und/oder
> verwahrlost?

Flüchtendes Tier

Ein Tier auf der Flucht muss unter allen Umständen und so schnell wie möglich einer drohenden Gefahr entgehen.

> Siehst du ein flüchtendes Tier, dann nimm das als Botschaft
> für Rückzug. Flucht ist angesagt! Gehe auf keine Konfron-
> tation und keinen Kampf ein!
> Von welcher Situation darfst du weggehen, dich entfernen?
> Das ist völlig in Ordnung und auch ein Lösungsweg! Nach-
> dem sich Gemüter beruhigt haben, kann die respektvolle
> und konstruktive Kommunikation aufgenommen werden.

Flughörnchen

Siehe unter »G« wie Gleitbeutler.

Fluginsekt

So werden alle Insekten bezeichnet, die Flügel haben, auch die, die ihr Flugvermögen wieder verloren haben. Die Larven haben allerdings nie Flügel und stehen damit eine Entwicklungsstufe zurück.

> Es geht um Fortschritt oder Rückschritt. Du hast immer die
> Wahl. Was wählst du?

Flusskrebs

Ihre Vorfahren schwammen schon vor fast 600 Millionen Jahren durch unsere Gewässer. Sie leben in sauberen Bächen, Flüssen und Seen und suchen dort gerne Schutz unter Steinen und Baumwurzeln. Bei Gefahr können sie blitzschnell rückwärts schwimmen. Während der Zeit der Häutung sind sie völlig schutzlos und müssen sich während dieser Zeit verstecken.

> Die Botschaft der Flusskrebse lautet: Keine Gefahr! Lass dich mitreißen von deinen Gefühlen und vom Leben! Schnelligkeit ist angesagt!
> Lässt du den Fluss des Lebens zu? Verstecke dich nicht.

Forelle

Sie gehört zu den Lachsfischen und wandert, wie diese, vom Meer flussaufwärts und überwindet dabei hohe Hindernisse, um ihre Laichgründe zu erreichen. Zum Jagen verbirgt sie sich gerne unter überhängenden Ästen oder Steinen, um dann blitzschnell zuzuschlagen.

> Eine Idee oder eine Vision ist noch nicht geboren oder manifestiert! Hüte dein Geheimnis noch!
> Bist du bereit für einen Richtungswechsel? Zeichen liegen im Verborgenen!

Fressendes Tier

Ein fressendes Tier nimmt Nahrung auf – ob pflanzlich oder tierisch.

> Nahrung ist eine Form von Informationen.
> Welche Informationen nimmst du in dich auf? Wie verdaust du sie, sprich, wie gehst du damit um? Kannst du an- und aufnehmen?

Frettchen

Sie sind eine domestizierte Form des Iltis und wurden lange Zeit zusammen mit der Falknerei zur Jagd eingesetzt. Sie sind ausgesprochen verspielt und erkunden alles um sich herum. Dabei nehmen sie kaum Rücksicht auf andere.

> Frettchen bringen die Botschaft von Neugier. Bist du gierig auf Neues? Sei es! Es ist etwas gutes!
> Setze dich mit dem Thema Egoismus vs. Ego-Bewusstsein auseinander. Das eine schliesst das andere nicht aus und es gibt kein Gut oder Böse.
> Bist du offen für Neues? Gönnst und erlaubst du es dir? Du darfst!

Friedenstaube

Schon seit vorbiblischer Zeit gilt die Taube als Friedenssymbol. Für den Weltfriedenskongress 1949 entwarf Picasso die Silhouette einer Taube und benannte seine Tochter nach ihr.

Begegnet dir eine Friedenstaube, möchte sie deine Intuition für Frieden und Neubeginn wecken.
Bist du in Frieden mit dir selbst? Erinnere dich, alles beginnt in und mit dir! Wer im Frieden mit sich selbst ist, muss anderen nicht den Krieg erklären!
Sie bedeutet aber auch, dass dir eine friedvolle Zeit bevorsteht und du auf Unterstützung bei einer Streitigkeit hoffen darfst. Bist du ungeduldig und fragst dich wann das sein wird? Spätestens rechtzeitig!

Frosch

Wie die Kröte fängt der Frosch seine Beute mit der Zunge. Er ist vom Wasser abhängig und legt dort in einer ersten Stufe Tausende von Eiern ab, aus denen die nächste Form der Kaulquappen schlüpfen, die sich schließlich zu Fröschen entwickeln.

Wie beweglich bist du? Wie verwandlungsfähig? Nutze die Fülle deiner Möglichkeiten.
Jetzt geht es um Wandel! Alles oder nichts! Bist du bereit für den Wandel in dir und in deinem Leben?

Fruchtfliege

Siehe unter »O« wie Obstfliege.

Fuchs

Füchse sind ausgesprochen anpassungsfähig und inzwischen sogar inmitten von Städten zu beobachten. Sie sind Einzelgänger und finden nur zur Paarung und zur Aufzucht der Jungen zusammen. In seinem »Reineke Fuchs« hat Goethe wohl das Bild des Fuchse wie kein Anderer geprägt: schlau, listig, unverschämt, immer auf den eigenen Vorteil bedacht.

> Die Botschaft des Fuchses lautet: Handle überlegt! Sei schlau! Schmiede einen Plan! Der Fuchs deutet immer auf beides hin: Hinterhalt und Wahrheit! Komme der Wahrheit auf die Spur und du enthüllst den Hinterhalt! Dort, wo du deinen Fokus hinrichtest, dahin fliesst deine Energie!
> Was macht das mit dir? Weckt es den Geist in dir? Ganz genau das soll es!

Furchenwal

Sie sind in allen großen Ozeanen verbreitet und ernähren sich von Plankton und Krill. Das Junge bleibt lange Jahre bei der Mutter, die ihm alles beibringt, was es fürs Leben braucht. Dabei helfen auch die anderen Mitglieder einer Walschule (Schule, so nennt man eine Gruppe von Walen).

> Was ist deine Rolle in deiner Familie? Kannst du sie annehmen? Annahme! Ein gewichtiges Wort, das bedeutet, dass du in Harmonie mit dir und deinem Leben bist!

G

Gans / Hausgans

Wer Gänse als Haustiere hat, muss sich kaum fürchten. Sie verteidigen ihr Zuhause zuverlässig und besser als mancher Hund.

> Bei dieser Botschaft geht es um deinen Schutz und deine Verteidigung.
> Bist du festgefahren in einer Situation? Wie steht es um deine Selbstverteidigung? Stehst du für dich und deine Bedürfnisse ein? Selbstliebe hat nichts mit Egoismus zu tun, sondern trägt zu deiner Gesundheit bei und dient damit dem Wohle aller.

Gänsegeier

Sie sind mächtige Greifvögel und werden bis zu einem Meter lang. Sie sind reine Aasfresser und ernähren sich vom Fleisch toter Weidetiere. Jagd auf lebende Tiere, wie ihnen früher nachgesagt wurde, machen sie nicht. Neuerdings findet auch ein Umdenken statt und viele Rinderhalter lassen tote Tiere für die Gänsegeier liegen.

> Sorgst du dich um das Gerede anderer, die dir einen schlechten Ruf nachreden? Hab' Zuversicht! Ein Sinneswandel ist im Gange. Das scheint jetzt noch chaotisch, wird aber wundervoll enden!

Gartenrotschwanz

Leider haben sich die bunten Vögel in Wälder zurückgezogen, weil sie in gut aufgeräumten Gärten keinen Schutz und keine Nahrung fanden. Sie scheinen aber wiederzukommen.

> Denkst du (zu) pessimistisch?
> Das Leben liegt vor dir und möchte gesehen werden. Wie steht es um deine Gedanken?

Gartenschläfer

»Zorro« heißt nur irrtümlich Gartenschläfer, er lebt aber überwiegend im Wald. Und mit Zorro hat er nur die Maske gemeinsam.

> Gehst du einer Illusion nach?
> Etwas ist anders als es scheint. Hast du es durchschaut?

Gazelle

Mal ist sie im hohen Gras kaum zu sehen, dann wieder macht sie große Sprünge, so klein sie auch ist.

> Tarnst du dich oder zeigst du dich? Wie viel brauchst du, um dich als König / Königin deines Lebens zu fühlen?

Gecko

Geckos sind sehr scheue Tiere und sehr schnell. Es gibt Geckos, die tagsüber aktiv sind, andere sind nachts unterwegs. Es gibt die Schuppenkriechtiere seit 50 Millionen Jahren und sie haben sich fast alle Lebensräume der Erde erobert. Einige können kopfüber an Glasscheiben laufen.

> Sind Geben und Nehmen im Ausgleich? Schärfe deine Achtsamkeit in Bezug auf sanften und ehrlichen Austausch. Yin und Yang will in Balance gelebt und erlebt werden.

Geflügel

Das sprichwörtliche verrückte Huhn, das auf alles nervös reagiert, was es nicht kennt. Geflügel allgemein, also auch Enten oder Gänse, werden gehalten, um ihre Eier zu sammeln oder um sie als Braten auf dem Tisch zu haben.

> Was macht mich nervös und was ruhig? Ist dein Nervensystem überreizt? Wirst du ausgenutzt oder benutzt? Entspanne dich und mach eine Pause!

Geier

Geier ernähren sich ausschließlich von Aas und führen so tote Tiere in den natürlichen Kreislauf zurück.

> Geier kündigen einen Transformationsprozess, einen Rückbau oder einen Rückschritt an.
> Kannst du mit der Vergangenheit abschließen? Des gibt keinen Stillstand. Das Vergehen gehört zum Leben dazu.

Gepard

Die Raubkatze ist das schnellste Raubtier überhaupt. Sowohl im Tempo als auch in der Reaktion.

> Die Botschaft lautet: Schnell wird es passieren, aber anders, als du denkst!
> Wie schnell kommst du mit Verlusten in deinem Leben klar? Ziehe klare Schlüsse und lerne daraus für die Zukunft!

Gespensterschrecke

Außer zur geschlechtlichen Fortpflanzung sind sie auch zur Jungfernzeugung fähig und sind deshalb nicht auf Männchen angewiesen.

> Nährst du die männlichen und weiblichen Anteile in dir gleichermaßen? Genau darum geht es!

Giftiges Tier

Ob Schlange, Skorpion, Spinne, Fisch – sie alle können für uns lebensbedrohlich sein oder uns zumindest sehr schaden.

> Wie ist dein Umgang mit dir selbst?
> Zerstörst, zermürbst, vergiftest du dich selbst? Oder vergiftet dich eine Situation, Stress, ein Thema oder ein anderer Mensch? Wisse; die Dosis macht das Gift. Zuviel von etwas ist zu viel. Halte die Balance!

Giftnatter

Giftnattern besitzen zum Beute fangen und zur Verteidigung Giftzahnpaare im vorderen Oberkiefer. Ein Biss ist für kleinere Tiere meist tödlich oder lähmend, für Menschen oft lebensgefährlich, wenn nicht schnell Hilfe kommt. Diese Zähne wachsen ein Leben lang nach.

> Die Botschaft spricht von Heilung in deinem Liebesleben. Der Ablauf ist immer derselbe; Verletzung – Schmerz – Heilung. Größtmögliche Heilung und Entwicklung in DIR ist jetzt möglich.

Giraffe

Sie ist eines der auffälligsten Wesen Afrikas. Da sie so groß ist, hat sie immer den Überblick und kann Gefahren früh erkennen, die sie aber im Verband mit ihren Herdenmitgliedern auch wirkungsvoll abwehren kann.

> Bist du in einem Konflikt zwischen Wahrheit und Täuschung? Hast du Rückgrat und Unterstützung (von dir selbst und von anderen Menschen)? Sei zäh und lass dich nicht durchdringen!

Gleitbeutler

Sie werden höchstens 32 cm lang. Fliegen bzw. gleiten können sie dank ihrer sogenannten Gleitmembran, anstelle von Flügeln von den Handgelenken bis zu den Knöcheln.

> Du darfst größer denken als bisher angenommen! Du hast jederzeit alles, was du brauchst! Bist du mutig und im Vertrauen?

Glühwürmchen

Die Weibchen der kleinen Käfer sehen tatsächlich aus wie Würmchen und leuchten schwach, um die Männchen anzulocken, die auf ihrem Hochzeitsflug einen wahren Fackelzug veranstalten. Wir können unseren Blick nur schwer von ihnen abwenden. Immer wieder kehrt er zu ihnen zurück wie zu einem Wegweiser in der Finsternis.

Erleuchtung ist die Erkenntnis!
Notwendigkeit: Die Wende in einer Not ist eingeleitet.
Bist du für dich da? Rettest du dich?

Gnu

Viele Gnu-Arten wandern nach der Regenzeit aus der südöstlichen Serengeti in Tansania nach Südkenia, immer dem wachsenden Gras und dem Wasser hinterher. Nicht alle schaffen den langen und anstrengenden Weg und viele – vor allem die Kälber – enden als Beute von Krokodilen.

Halte durch! Fülle ist in Sicht!
Hast du genug Durchhaltevermögen für dein nächstes Kapitel?
Hast du starke Nerven? Du brauchst sie – und Durchhalte-
vermögen!
Gönne dir nach dieser Überreizung ausreichend Ruhe!

Goldbarsch

Siehe unter »R« wie Rotbarsch.

Goldfisch

Eigentlich stammen sie von der Silberkarausche ab, die an der Seite silbrig schimmern. Aus ihnen haben sich die goldfarbenen Nachkommen entwickelt.

Goldfische bringen die Botschaft von Tiefgründigkeit und daraus folgender Fülle. Brauche aus der Fülle heraus, nicht aus Mangel.
Oder anders; manifestierst du aus der Fülle oder aus dem Mangel heraus? Bedenke, du zieht an, was du ausstrahlst!

Goldhamster

Wenn es auf den Winter zugeht, sammeln sie vor ihrem Winterschlaf eifrig Vorräte, um versorgt zu sein und nicht vor die Tür zu müssen. Dabei sammeln sie deutlich mehr, als sie eigentlich bräuchten.

Bei dieser Botschaft geht es um Gier und Mangeldenken. Das Schuldgefühl, das entsteht, wenn jemand sagt, dass du gierig bist, ist sein eigenes Mangeldenken und damit sein Thema, seine Baustelle. Die Scham wurde dir auferlegt. Die kommt nicht von deinem Innern, nicht von deiner Seele. Fühlst du dich schuldig, weil du viel hast? Erlaubst du dir Fülle? Das darfst du. Du hast viel und Fülle verdient!

Goldregenpfeifer

Er lebt ausschließlich dort, wo es feucht ist. Man könnte meinen, er hätte seinen Namen vom Goldregen, also einer höchst giftigen Pflanze. Weit gefehlt.

Was und wie denkst du über dich? Was ist dein Charakter (also von außen auferlegt) und was ist deine Persönlichkeit (angeboren)?
Gehe deinen ganz eigenen Weg und lasse dir nicht reinreden! Du bist jederzeit richtig und wichtig, wie du bist!

Gorilla

Sie gehören zu den Menschenaffen und sind außerordentlich stark, selbstbewusst und durchsetzungsfähig – das sind die Attribute der »Silberrücken«, wie die ausgewachsenen Männchen bezeichnet werden. Allerdings stehen sie nicht im Ruf, besonders intelligent zu sein.

Nimmst du dich an, so wie du bist?
Du bist ein Magnet, richtig und wichtig, so wie du jetzt gerade bist! Du hast einen wichtigen Beitrag zum Wohle unserer Gesellschaft und dieser Erde zu erfüllen. Worauf wartest du noch?

Grasmilben

Die juckenden Plagegeister aus dem Grünen befallen außer Vögeln und Säugetieren auch uns Menschen. Sie sind zwar nicht einmal einen Millimeter groß, sind aber wegen ihrer knallroten Farbe trotzdem gut zu erkennen. Beim Beißen sondern sie Speichel ab, der sogar allergische Reaktionen hervorrufen kann.

Wer oder was macht dich wütend? Wen oder was willst du loswerden? Bist du bereit, ganz genau hinzuschauen und sein zu lassen?

Grasschneiderameise

Siehe unter »B« wie Blattschneiderameise.

Graugans

Von ihr stammen unsere Hausgänse ab, sie ist also die Wildform. Sie sind sehr soziale Vögel und behüten ihre Jungen mit aller Kraft.

> Die Botschaft handelt von Verstand vs. Herz. Wie kommst du mit deinen wilden Gefühlen klar? Lebst und erlebst du sie ganz aus? Genau darum geht es!

Graupapagei

Sie plappern alles nach, was wir ihnen vorsprechen, ob richtig oder nicht, ob wahr oder falsch, weil sie es nicht beurteilen können und sind äußerst mitteilungsbedürftig.

> Jede Wahrheit ist richtig!
> Hast du das Urthema erkannt? Wohin schweifen deine Gedanken? Dein Leben möchte gelebt und erlebt werden!

Graureiher

Graureiher leben monogam und bleiben ihr Leben lang verbunden. Im alten Griechenland und in Ägypten sah man im Reiher einen Phönix, was bedeutet, dass er in ihren Augen für Neuanfang stand. In China gilt er als Glückssymbol.

> Der Neubeginn ist noch nicht klar. Entscheide dich! Es gilt zu verstehen, dass das Ende der Geschiedenheit / der Trennung erkannt werden möchte. Trennung ist eine Illusion. Alle Seelen sind ewig miteinander verbunden.

Wann fühlst du dich nicht ganz? Und warum? Entscheide dich! Und bedenke: es ist auch beides möglich!

Grauwal

Nach der Geburt der Kälber machen sich Mutter und Kalb auf die lange Wanderung aus dem warmen Süden zurück in Richtung Norden zum Fressen, wo aber Orcas den Babys schon mal auflauern können.

Gibst du gerne? Lässt du deine Gefühle im Vertrauen fließen und tief werden?
Wen oder was darfst du unterstützen? Es wird dir keine Energie rauben, sondern geben!

Greifvögel

Beinahe alle Arten dieser Raubvögel kreisen in den Lüften auf der Suche nach Beute, stürzen sich herab und packen sie mit den Krallen.

Eine Gelegenheit ist günstig! Greife zu! Deine Gedanken formen sich neu und neue Möglichkeiten sind da!
Wo darfst du zugreifen? Bist du bereit dazu?

Grille

Sie haben zum Springen angepasste Hinterbeine, wie die Heuschrecken. Ihr Zirpen dient zum Anlocken von Weibchen und der Revierabgrenzung. Der arabische Volksglaube besagt: Wer Grillen zirpen hört, erhält Hilfe von unbekannter Seite.

> Ein glücklicher Zufall (etwas fällt dir zu) und Unterstützung der geistigen Welt stehen für dich bereit, wenn du bereit dafür bist.
> Glaubst du an Wunder? Lässt du es zu? Sobald du annehmen kannst, geschieht es wie von selbst!

Grindwal

Er ist auch als Pilotwal bekannt und gehört eigentlich zu den Delfinen. Er wird bis zu acht Meter lang und braucht täglich 50 Kilogramm Nahrung. Dabei taucht er bis zu 600 Meter tief ab.

> Denke groß oder noch besser; denke größer!
> Wo hältst du dich in Grenzen? Halte dich nicht länger klein!

Grönlandhai

Kein anderer Fisch im Nordatlantik wird älter als er: bis zu 400 Jahren. Sie ziehen im Zeitlupentempo von einem Kilometer pro Stunde durch die Gewässer und sparen so Energie, wachsen nur höchsten zwei Zentimeter pro Jahr. Erst nach 150 Jahren bekommt ein Weibchen zum ersten Mal Nachwuchs.

> Du darfst dir Zeit lassen! Sparflamme ist angesagt!
> Gönnst du dir genügend Auszeiten und Ruhephasen?

Grönlandwal

Sie haben von allen Säugetieren die höchste Lebenserwartung und geben es an ihre Nachkommen weiter.

> Du trägst altes Wissen in dir, das an die Oberfläche deines
> Bewusstseins gelangen möchte!
> Bist du bereit, es zuzulassen? Weg mit Ausreden! Du darfst
> zulassen und dich dem Fluss des Lebens hingeben!

Große Goldschrecke

Sie leben meistens in Feuchtgebieten, die aber mehr und mehr trockengelegt werden und wo sie sich zahlreicher Feinde erwehren müssen. Trotzdem sind sie bei uns weit verbreitet und scheinen mit den veränderten Lebensbedingungen sehr gut zurechtzukommen.

> Du befindest dich in einem Lebensbereich, wo es um alles
> oder nichts geht, in einer Meisterschaft!
> Bist du es wert? Bist du in der vollständigen Annahme? Bereit,
> die Fülle anzunehmen? Aktives Empfangen ist der Schlüssel!

Großkatzen

Jm Alten Ägypten galten Löwen als die Wächter am östlichen (Sonnenaufgang) und am westlichen (Sonnenuntergang) Horizont und standen für das Werden und Vergehen. Das chinesische Schriftzeichen für »König« ist identisch mit der schwarzen Stirnzeichnung des Tigers, und manche Herrscher hielten sich Raubkatzen, damit sich ihre Stärke auf sie übertrug.

Großkatzen bringen die Botschaft vom Werdegang und wohin es gehen soll. Öffne dich dem Weg!
Wie hast du dich bislang entwickelt und wohin willst du dich weiterentwickeln? Formuliere deine nächsten Schritte und Ziele. Denke dabei groß und lasse noch mehr Freiraum für noch viel mehr!

Große Königslibelle

Sie jagt nur im Fliegen und ist deshalb ständig unterwegs auf der Jagd nach anderen Fluginsekten. Im Vergleich zur Lebensdauer des erwachsenen Insekts von drei Monaten, erscheint die Entwicklungsdauer der Larven von bis zu zwei Jahren außerordentlich lang.

Die Botschaft handelt von größtmöglicher Heilung, die jetzt in deinem Feld ist!
Wenn Herz und Wille im Einklang sind, entsteht Harmonie!
Alles ist im Austausch! Von oben nach unten, von unten nach oben und von links nach rechts sowie von rechts nach links! Einheit und Flow, darum geht es!

Grüne Mamba

Sie wird normalerweise nur 2 Meter lang, selten mehr. Dafür ist das Gift der Grünen Mamba außerordentlich gefährlich. Sie ist zwar sehr scheu, bei Gefahr aber schnell erregbar und angriffslustig.

Du hast die Chance, deine aggressive Seite in dir zu heilen. Triggerst du andere Menschen? Nimmst du die Impulse zur Heilung und Selbstheilung an? Hinsehen ist ein wichtiger Bestandteil von Heilung.

Guppy

Sie sind einer der beliebtesten Fische in Süßwasseraquarien und stammen ursprünglich aus Gewässern der Karibik und des nördlichen Südamerika. Die bunten Fischchen paaren sich gerne und oft und bringen eine Menge Nachwuchs hervor.

Guppys bringen die Botschaft, dass es jetzt um deinen ganz eigenen Rhythmus des Lebens gehen darf. Gefühle verbreiten sich jetzt rasant. Kannst du sie annehmen und nähren? Mache etwas daraus!

Gürteltier

Sie sind die einzige Gruppe der »gepanzerten Nebengelenktiere« und leben hauptsächlich im zentralen und nördlichen Südamerika. Ihr Schutz besteht aus einem Hautknochenpanzer aus gürtelförmigen Knochenringen, die im Spanischen »Armadillos« heißen = die kleinen Gepanzerten.

Wie sieht die nackte Tatsache aus?
Nutze für die kommende Phase Schutz und Verteidigung als Lebensstrategie.
Bist du bereit, deinen Schutzpanzer / deine Schutzhülle loszulassen? Aufzugeben (nach oben abzugeben und himmlische Unterstützung zu erhalten)?

Habicht

Als Raubvogel ist er stets ausgesprochen wachsam und fokussiert, um den Überblick zu behalten. Er ist unter Geflügelhaltern ausgesprochen unbeliebt, wird allerdings auch häufig mit dem Sperber verwechselt.

> Habichte bringen die Botschaft und warnen dich vor Untreue oder Fälschung in deiner Beziehung. Hüte dich vor aggressivem Verhalten des Gegenübers (das kann auf verschiedene zwischenmenschliche Beziehungen gedeutet werden)! Bist du jemandem auf den Leim gegangen?

Hahn

Alle Hähne, ob in freier Wildbahn oder auf dem Hühnerhof, sind eigentlich auf nichts anderes aus, als ihre Hennen zu »beglücken«. Ihr Einfallsreichtum, die Auserwählte von sich zu überzeugen, ist breit gefächert. Der Hahnenschrei am Morgen vertreibt die nächtlichen Dämonen und so war er dem Sonnengott Apollo geweiht, Merkur nahm auf seinem Weg in die Unterwelt die Gestalt eines Hahns an.

> Wie steht es um deine männliche Seite? Du darfst sie zum Vorschein bringen. Zeige dich. Werde erfinderisch! Wo darfst du fokussieren? Wähle jetzt! Was tut DIR gut?

Haifisch

Haifische gehören zu den Knorpelfischen, haben also keine Gräten. Einige, wie der Walhai und der Riesenhai, ernähren sich von Plankton, andere sind hervorragende Unterwasser-Räuber und gehen bei der Jagd äußerst planvoll vor.

> Plane weise! Sei schnell und einsatzbereit!
> Hast du den ersten Schritt geplant? Bereite Schritt 2 und 3 auch gleich vor!

Hammerhai

Er ist kaum zu verwechseln dank seines hammerförmigen Kopfes. So hat er eine vollkommene Rundumsicht. Er ernährt sich von fast allem, was um ihn herum schwimmt, ist aber durch die Fischerei stark bedroht.

> Gönne dir etwas! Sei gut zu dir selbst!
> Wie viel oder wie wenig benötigst du, um zu leben / zu überleben? Setze dich mit deinen Bedürfnissen auseinander!

Hamster

Egal, ob unser Feldhamster oder der Goldhamster – er kann bis zu 50 Gramm Nahrung in seinen Backen unterbringen, die er für schlechte Zeiten hortet. Dabei ist er selbst nur höchstens 650 Gramm schwer. Er hamstert eben.

> Wie schaut es um deinen Besitz und deine Habseligkeiten aus? Bist du es dir wert?
> Eine neue Phase mit dem Titel „Selbstwert und Selbstliebe" hat begonnen!

Hängebauchschwein

Die kleinen, bewusst als Haustiere gezüchteten Schwein-chen wären in freier Wildbahn kaum überlebensfähig, allein schon, weil der Bauch oft schwer bis zum Boden her-abhängt.

Bist du im Verteidigungsmodus und suchst Schutz? Fühlst du dich von etwas / einer Person / einer Situation herunter-gezogen? Arbeite an deinem Selbstvertrauen und es wird wieder bergauf gehen!

Hase

Die Häsin paart sich innerhalb kürzester Zeit mehrmals mit unterschiedlichen Rammlern, sodass innerhalb ei-nes Wurfs Mehrfach-Vaterschaften vorkommen können.

Fruchtbarkeit liegt in der Luft! Greife schnell zu! Die Gele-genheit ist jetzt gut!
Lebst und liebst du die Sexualität in vollen Zügen? Das sollst und darfst du auch! Sprich alles offen an, damit du Zufriedenheit leben und erleben kannst!

Haselmaus

Schlafen gehört zu den Leidenschaften der Haselmaus. Von Oktober bis April ist sie im Winterschlaf, und wenn es dazwischen mal kühl wird oder es nichts zu essen gibt, kühlt sie sich auf 32 Grad herunter und bleibt in ihrem Nest.

Da geht mehr! Pflegst du auch deinen Körper genug? Küm-mere dich gut um dich und deine Liebsten!

Hausgans

Siehe unter »G« wie Gans.

Haussperling/Spatz

Siehe unter »S« wie Spatz.

Hecht

Er ist ein Raubfisch mit langem, flachem Kopf und kann blitzartig wenden. Der volkstümlich beschworene »Hecht im Karpfenteich«, wütet, bis nichts mehr übrig ist.

> Deine Wut steht deinen Gefühlen im Weg. Ein Miteinander
> ist kaum möglich.
> Zähme deine Aggression und deine negativen Gefühle!

Heilbutt

Er lebt im Nordatlantik und kann 3 Meter lang und 500 Kilo schwer werden, ist also der Allergrößte unter seinesgleichen.

> Wem oder was schließt du dich an?
> Du darfst noch größer und noch weiter denken! Es gibt
> nicht nur genug, sondern es ist reichlich Fülle vorhanden!
> Mit dem Glaubenssatz der Fülle gelingt dir einfach alles!
> Sei bereit zu empfangen und anzunehmen!

Hengst

Hengste gelten als schwierig zu zügeln wegen ihres Temperaments und ihres Bedürfnisses, unbedingt gleich die nächste Stute zu beglücken. Die hoch aufgerichtete Haltung vermittelt Stolz und Entschlossenheit.

> Kommst du aktiv zum Ausdruck? Wie steht es um deine
> Energie und Tatkraft.
> Kannst du deine aktiven Bedürfnisse führen und lenken?
> Setzt du diese Ziele um? WAS willst du? Was willst DU?

Henne

Siehe unter »H« wie Huhn.

Herde

Eine Herde hat in allererster Linie eine Schutzfunktion. Dafür müssen allerdings alle Mitglieder einen Beitrag leisten und der Gemeinschaft folgen. Wer der Herde nachläuft, hat wohl die besseren Überlebenschancen.

> Wie, wer und was bestimmt deine Gemeinschaft? Passt du
> dich kritiklos an? Kannst du vertrauen und abgeben?
> Kannst du Führungsaufgaben übernehmen? Kannst du Ver-
> antwortung tragen?

Hering

Heringe sind langgestreckte Schwarmfische, die bis zu 45 Zentimeter lang werden können. Heringsschwärme wirken fast wie ein Organismus aus reinem Silber, wenn sie gemeinsam flüchten und dann wieder zur Ruhe kommen. Verliert ein Fisch den Kontakt zu seinem Schwarm, reagiert er panisch.

> Fließt oder stagniert es in dir und in deinem Gefühlsleben?
> Setze dich mit deinen Finanzen auseinander.
> Hast du dein Geld und deine Ausgaben im Griff?

Hermelin

Das Hermelin oder Großes Wiesel gehört zu den Mardern. Es wechselt sein Fell je nach Jahreszeit von Braun im Sommer zu Weiß im Winter und wurde vor allem wegen des weißen Winterpelzes lange Zeit stark bejagt.

> Gehst du mit den Jahreszeiten und bist du in deinem Lebensrhythmus? Wie kommst du mit Schuld klar? Darfst du etwas klären?

Heuschrecke

Große Sprünge machen kann sie gut – kein Wunder bei den langen Hinterbeinen. Der Name Schrecke geht auf das Althochdeutsche zurück und bedeutet »aufspringen«. Die pflanzenfressenden unter ihnen können in Afrika bei ihren Wanderungen zu einer großen Plage werden.

> Denke längerfristig! Nimm die Zeichen wahr!
> Wie kurz oder fern sind deine Ziele? Hast du sie in Etappen unterteilt?

Hirsch

Sein beeindruckendes Geweih, das sich jedes Jahr neu bildet, macht den erwachsenen männlichen Hirsch zum stolzen König des Waldes. Es ist nicht nur Zierde, sondern auch seine stärkste Waffe und bildet sich Jahr für Jahr neu, weshalb er auch für Verjüngung, Wiedergeburt und den Gang der Zeit steht. So wird sein Geweih im Grunde nie fertig.

> Vollendung! Du hast alle Phasen durch, sodass Erfüllung folgt!
> Genieße, betrachte und empfange Göttliches!

Hirschkäfer

Sie gehören zu den größten und auffälligsten unter unseren Käfern und können kräftig zupacken. Ihr »Geweih« wurde im Römischen Reich als Amulett getragen.

> Jetzt darf aktiv angepackt und zugepackt werden!
> Steckst du in der Klemme und weißt nicht, wie weiter?
> Aktiv handeln kann helfen!

Holzameise

Siehe unter »R« wie Rossameise.

Honigbiene

Die Honigbiene begleitet uns Menschen schon seit Tausenden von Jahren, und unsere Vorfahren »stahlen« ihnen ihre süße Beute. Sobald die ersten Blüten sich zeigen, fliegen Honigbienen unermüdlich aus, um deren Nektar zu sammeln, um ihn dann in Honig zu verwandeln, den sie an die Brut verfüttern. Im Winter dürfen sie dann endlich selbst an ihrer süßen Fracht teilhaben, um die kalte Jahreszeit im Stock zu überstehen.

> Bist du bereit für die süße Seite des Lebens? Für die Fülle
> und Ernte deiner Taten? Du bist durch harte Zeiten gegangen und jetzt darf alles leichter werden!

Hornisse

Wie gefährlich sind diese großen Wespen? Viele von uns haben große Angst vor ihnen, die nicht gerechtfertigt ist. Sie sind überhaupt nicht aggressiv und verteidigen allenfalls ihren Bau, wenn wir ihnen zu nahe kommen.

> Richtig oder falsch? Die Wahrheit liegt im Auge des Betrachters.
> Hast du Vorurteile oder zu schnell gerichtet? Überdenke ein Thema nochmals …

Huhn

Ein »Huhn, das goldene Eier legt«, ist ein Wunsch, seit Menschen Hühner als Haustiere halten. Ob Hühnerhalter*innen allerdings jeden Morgen nach dem bewussten goldenen Ei im Nest suchen, ist nicht überliefert.

> Wie siehst, denkst und empfindest du Erfolg und Misserfolg? Bist du hartnäckig genug und bleibst dran?
> Das Glück ist nah!

Hund

Fast jede Hunderasse wurde für eine bestimmte Aufgabe gezüchtet. Sie können Wächter sein, Beschützer, Zugtier, Spielkamerad oder Jagdhelfer und unterstützen die Polizei bei der Arbeit gegen Drogenkriminalität. Er ist seit Urgedenken der treueste Begleiter des Menschen. Seine Eigenschaften und Fähigkeiten ergänzen unsere und mit seiner Hilfe konnten wir Leistungen erbringen, die sonst nicht möglich gewesen wären.

> Bei der Botschaft der Hunde geht es um Treue. Spezielle
> Aufgabe und/oder Spezialisierung spiegelt sich im Außen.
> Gehst du deiner Seelenaufgabe nach?

Hummel

Sie ist mit den Bienen, den Wespen und den Hornissen verwandt und ernährt sich von Nektar und Pollen. Etwas schwerfällig kommt sie schon daher, die »dicke Brummel«. Es ist aber gleichgültig. Auch wenn Physiker und Zoologen behaupten, dass sie eigentlich gar nicht fliegen kann – sie tut es trotzdem.

> Entsprichst du der Norm, oder bist du einzigartig? Wirst
> du belächelt und nicht ernst genommen? Glaube DU an
> DICH! Bedenke; Die Norm wurde von Menschen bestimmt
> und festgelegt. Viele Normen dürfen überarbeitet und ange-
> passt werden an ein neues Jetzt. Talent anstatt Leistung ist
> gefragt!

Hundertfüßer

Sie gehören zu den Gliederfüßern und können über 30 Zentimeter lang werden. Aber selbst, wenn sie noch klein sind, kann ihr Äußeres schon einschüchtern. Manche verteidigen sich mit einem schmerzhaften oder sogar tödlichen Gift.

> Setzt du klare Grenzen und verteidigst diese auch?
> Tue das, und du wirst widerstandslos akzeptiert.

Hyäne

Sie sind nachtaktive Raubtiere, verschmähen aber auch Aas keineswegs. Ihr geht ein ausgesprochen schlechter Ruf voraus. Angeblich ist sie hinterlistig, gefährlich und stiehlt anderen ihr Essen.

> Da gibt es eine dunkle Seite in dir. Ein Schadenthema möchte beleuchtet werden!
> Nimm es an. Dann löst sich der Widerstand.
> Bist du bereit für Schattenarbeit?

Igel

Der kleine Insektenfressen verteidigt sein Revier mit aller Kraft und Energie. Allein zu sein, bereitet ihm keine Probleme. Er kann wunderbar seine Schwächen mit seinen Stärken kompensieren.

> Fühlst du dich verloren oder in deinem Revier angekommen? Wo stehst du in deinem Leben? Wohin willst du? Was ist der Sinn deines Lebens?

Iltis

Der Iltis gehört zu den Mardern und hat die unangenehme Eigenschaft, sein Revier zu markieren – mit deutlicher olfaktorischer Wirkung. Da gilt es nur, die Flucht zu ergreifen.

> Mir stinkt es! Hier mag ich nicht sein! Die Situation ist erkannt – geh weiter!

Indri

Indris gehören zu den Lemuren und leben nur auf Madagaskar. Der übersetzte Name »Da läuft es« beruht auf einem Missverständnis zwischen dem Forscher Sonnerat und der Bevölkerung Madagaskars.

> Ist es Zeit zu gehen? Abzuschließen? Eine Situation zu verlassen?

Insekt

Sie durchlaufen mehrere Entwicklungsstadien vom Ei zur Larve über die Puppe bis schließlich zum fertigen Insekt, das wir merkwürdigerweise erst dann als das erkennen, was es eigentlich von Anfang an war.

> Die Botschaft bringt das Thema von Wandel mit sich und spricht einen grossen Entwicklungsschub an. Da kommt etwas vom Unterbewussten ins Bewusstsein!
> Bist du bereit für einen Transformationsprozess?

Insektenfresser

Insektenfresser sind Tiere wie Mäuse, Igel oder der Maulwurf. Sie ernähren sich von kleinen Insekten und halten so das biologische Gleichgewicht aufrecht. Es gibt sie schon seit der Kreidezeit.

> Was bedeutet Evolution für dich? Bist du bereit, dich zu verändern? Oder wartest du darauf, dass das Leben dich in die richtige Richtung schubst?
> Sei du der Schöpfer, die Schöpferin deines Leben! Du entscheidest und darfst die Verantwortung übernehmen!

Jagendes Tier

Ein Tier auf der Jagd strebt einem Ziel zu, der Beute. Dafür hat es eine ganz eigene Technik und Strategie entwickelt. Es ist fokussiert, entschlossen und vor allem im Hier und Jetzt.

Beobachtest du ein jagendes Tier, darfst du es Zeichen nehmen, dass du dich auf dein Bewusstsein konzentrieren darfst. Du hast die Möglichkeit, ein bestimmtes Thema im Zusammenhang mit einem Wachstumsprozess anzuschauen und zu entwickeln.
Bist du bereit für die nächste Etappe? Nimm es dir! Ein fairer Wettkampf steht an.

Jaguar

Er ist nach dem Löwen und Tiger die drittgrößte Raubkatze der Welt und besticht durch seine Schönheit und Stärke. Er ist kein guter Sprinter aber hat sich auf das Schleichen spezialisiert. Er ist als Einzelgänger unterwegs und läuft tagtäglich ein sehr grosses Territorium ab.

Trau dich volle Kraft in diese ganz bestimmten Gefühle tief in dir!
Fühlst du in dich? Spürst du dich? Setze dich mit dir und einen Talenten auseinander. Talente sind angeborene Fähigkeiten, die du nutzen und ausbauen darfst.

Jakobsmuschel

Diese Art Muschel ist ein Schalentier, das zwischen 10 bis 15 cm gross werden kann und das sich freischwimmend im Atlantik bewegen kann. Die geöffnete Jakobsmuschel erinnert mit ihrem Aussehen stark an eine Vulva.

> Schätzt und lebst du deine sinnliche Wahrnehmung? Bist du angekommen? Angekommen in dir und in deinem Lebensplan?
> Die Liebe währt ewig. Sie ist in dir. Was in dir darf »Erläuterung« erfahren?

Junges Tier

Beinahe alle jungen Tiere sind zum Anfang gefährdet und bedürfen des Schutzes der Eltern, bis sie herangewachsen und selbständig sind.

> Bei der Botschaft eines jungen Tieres geht es um einen Wachstumsprozess in dir oder in einem aktuellen Thema. Bedarfst du oder eine Idee oder ein Thema besonderen Schutz? Was wächst und gedeiht da? Behüte dich oder es und lasse es wachsen und gedeihen, bevor es rausgetragen wurde kann.
> Du darfst ein Thema spielerischer angehen, als bisher und nicht so streng mit dir sein. Ein Lernprozess beinhaltet verschiedene Stufen und Etappen. Eins nach dem anderen und dazwischen Erholungsphasen, damit das Erlernte verarbeitet und verinnerlich wereden kann.

Junikäfer

Sobald es dämmert, sind sie unterwegs auf Partnersuche. Nach drei Monaten als Engerling unter der Erde, der es wahrlich nicht leicht hat zu überleben, haben sie es ans Licht geschafft.

Erweitere und orientiere dich am Horizont! Schärfe deinen Blick auf die Weite und auf das entfernt gelegene. Was möchte neu erwachen und beleuchtet werden?

Kabeljau

Siehe unter »D« wie Dorsch.

Käfigtier

Ein Tier im Käfig kann nicht weg. Stäbe um es herum hindern es an Bewegung und halten es an Ort und Stelle.

> In welche Normen zwängst du dich selbst und/oder lässt dich einsperren?
> Wie fühlt sich das für dich an? Gibt es dir Sicherheit oder hast du den Wunsch, aus etwas herauszubrechen?

Kaiserpinguin

Er ist der Größte und lebt am kältesten, stürmischsten und trockensten Ort der Welt – in der Antarktis. Wer hier überleben will, darf nicht zimperlich sein. Sie kommen zum Brüten zu großen Verbänden zusammen und wechseln sich beim Wärmen ab. Nur zum Jagen müssen Einzelne ihre Jungen und den Partner/die Partnerin kurzzeitig verlassen.

> Erkennst du dich und deine Macht? Deine Power? Deine Kraft? Suche Gleichgesinnte! Trete aus der Masse heraus! Zeige dich und lasse dein Licht hell erstrahlen! Du darfst gesehen und erkannt werden!

Kakadu

Sie gehören zu den Papageien und leben meist in tropischen und subtropischen Regenwäldern. Sie benutzen Werkzeuge und ahmen auch Laute nach, die sie in ihrer Umgebung aufschnappen. In Gefangenschaft ist der Kakadu ein rechter Schwätzer, wobei er natürlich nicht weiß, was er von sich gibt.

Wie steht es um deine Ausdrucksweise? Wie ehrlich bist du mit deinen Worten zu dir selbst und anderen gegenüber?

Kakerlake

Sie kommen nur nachts zum Vorschein. Allgemein verbinden wir sie mit Dreck und Verwahrlosung und finden sie ausgesprochen ekelhaft, vor allem, wenn sie sich in der Küche oder im Badezimmer aufhalten und in Scharen auftreten, deren Masse sich bewegt wie ein einzelner Organismus.

Welchen Ekel wirst du kaum los? Erkenne ihn und anstatt in den Kampf zu gehen, löse den Widerstand auf und der Ekel / das Problem löst sich von alleine auf.

Kalifornischer Schweinswal

Siehe unter »V« wie Vaquita.

Kamel

Kamele sind immer noch die »Wüstenschiffe«, um auf ihnen Lasten zu transportieren, da sie mit wenig Nahrung auskommen und eine Menge Wasser speichern können. Auch unter widrigsten Bedingungen verlieren sie fast nie ihre Geduld und gehen den Weg bis zu Ende.

Habe Geduld, Ausdauer und Durchsetzungsvermögen! Sei sparsam mit deiner Energie und verschwende sie nicht unnötig. Ausharren kann auch eine Strategie sein, um an ein Ziel zu gelangen!
Es geht jetzt darum, in einer bestimmten Sache etwas früh zu erkennen und entsprechend zu handeln. Nimmst du die Zeichen ernst? Halte aus und gehe rechtzeitig weiter!

Kamerunschaf

Kamerunschafe stammen aus Westafrika. Sie sind äußerst temperamentvoll und stets zur Flucht bereit, sodass sie nur mit sehr viel Geduld zahm werden.

Vertrauen darf sich ausbreiten. Welchen scheuen Teil in dir darfst du anerkennen und annehmen?

Kämpfende Tiere

Wenn Tiere gegeneinander kämpfen, tragen sie einen Konflikt aus, der auch tödlich enden kann.

Trägst du einen Kampf in dir aus, oder tobt einer im Außen? Was oder welches Thema darf dringend angeschaut werden? Wegschauen ist keine Lösung!

Kanadagans

Sie gehört zu den Entenvögeln und kommt von allen Gänsen weltweit am häufigsten vor. Ursprünglich stammt sie aus Nordamerika und war bei uns nur Gast, jetzt wohnt sie auch bei uns. Ihre Jungen verteidigt sie vehement und aggressiv.

> Erweitere deinen Blick! Beschütze und verteidige, was deins ist! Bringe deine Gedanken und Gefühle in Einklang! Bist du in Balance?

Kanarienvogel

Die Entdeckung und Eroberung der Kanarischen Inseln brachte auch den kleinen Sänger zu uns. Er wurde wegen seiner Gesangskunst gefangen und war bis in die 1960er Jahre in vielen Haushalten zu bewundern. Er klingt so fröhlich und kunstvoll aus seinem Käfig heraus, möchte aber doch bloß einen Partner / eine Partnerin und dessen / deren Zuneigung.

> Da ist ein Bedürfnis nach Freundschaft und Liebe. Wo oder was wird dir nur vorgespielt? Wird dir unehrlich geschmeichelt? Was ist echt gemeint und wovor solltest du dich besser schützen?

Känguru

Die Beuteltiere kommen in Australien und Neuguinea vor. Sie alle bewegen sich hüpfend oder springend vorwärts, manche können auch klettern. Dabei springen sie bis zu 13 Meter weit und können 50 km/h schnell werden. Bei der Geburt sind sie gerade mal zwei bis drei Zentimeter groß und krabbeln sofort in den Beutel der Mutter, in den sie sich auch, wenn sie erwachsen sind, noch oft zurückziehen.

Die Botschaft lautet: Fröhlichkeit! Lebst und erlebst du die Aufs und Abs in deinem Leben? Nach jedem Tief folgt ein Hoch! So will es das universelle kosmische Gesetz.

Kaninchen

Kaninchen müssen eigentlich immer auf der Hut sein. Sie müssen sich auf ihre langen Ohren verlassen können und legen sich nur beim Schlafen hin oder wenn sie sich sicher wissen. In Japan gibt es zum Neujahrsfest »mochi« (Vollmond) – kleine Reiskuchen, von denen behauptet wird, dass ein auf dem Mond lebendes Kaninchen unentwegt damit beschäftigt sei, sie zu backen. Auch die Maya verbanden das Kaninchen mit dem Mond.

Wo darfst du genau hinhören und hinsehen? Welches Thema möchte beleuchtet werden? Fühle dich ein!
Viel mehr ist möglich, als du dir vorstellen kannst! Sprenge die Grenzen!

Karibu

Siehe unter »R« wie Rentier.

Karpfen

Der große Süßwasserfisch ist auf unseren Speisezetteln vor allem an Silvester sehr beliebt. Seit Konfuzius ist der Karpfen in China ein Symbol für Wohlstand. Bei uns heißt es: Lebt man sich eine Schuppe des Fischs ins Portemonnaie, verspricht das Geldsegen im folgenden Jahr.

> Bist du finanziell oder in der Liebe am Boden? Kümmere dich darum! Bist du bereit für das nächste Hoch?

Katze

Ganz anders als Hunde folgen Katzen ihren eigenen Ideen, können aber sehr verschmust und anhänglich sein, wenn sie zu nichts gezwungen werden. Sie sind ausgesprochen neugierig und unabhängig und bis ins hohe Alter verspielt. Als die Katze in das Leben des Menschen trat, bestimmte sie die Bedingungen von Anfang an selbst. Sie kommen und gehen, wie sie wollen, bleiben uns auf ihre besondere Art jedoch immer treu. Im Christentum findet man sie oft an der Seite von selbstbewussten, unangepassten Frauen: die Hexe mit der schwarzen Katze.

> Katzen sind Botschafter von Sinnlichkeit, Eigenheit und fordern dazu auf, deine Intuition zu schärfen. Deine eigene Hauskatze spiegelt dein Inneres. Bringt deine tiefen Themen hoch. Denke nicht mehr an die schlechten, sondern an die guten Zeiten. Folgst du deiner inneren Stimme?
> Wenn du nicht hinhörst oder hinschaust, werden die Zeichen deutlicher, lauter und vehementer! Es gibt kein Zurück! Setze dich mit dir und deinen Urthemen auseinander! Nimm den Platz in deinem Leben ein! Jetzt!

Kaulquappe

Innerhalb von 10 bis 12 Wochen entwickelt sich die Kaulquappe und wird von der Larve zum Frosch, zur Kröte, zur Libelle, zum Lurch oder zum Gliedertier. Es geht um einen Wachstum vom jungen zum erwachsenen Tier.

> Eine Vision, ein Vorhaben, ein Projekt in dir möchte umgesetzt werden! Die ersten Schritte sind schon getan! Weiter geht's!

Kauz

Siehe unter »W« wie Waldkauz.

Kegelrobbe

Im Wattenmeer werden jedes Jahr Robbenkinder gefunden, die von der Mutter getrennt wurden und sich lautstark bemerkbar machen, wenn sie ihre Mutter verloren haben. Daher auch der Name »Heuler«.

> Wenn du Hilfe suchst, dann rufe laut danach. Mach dich bemerkbar! Bitte und dir wird gegeben- das ist ein universelles Gesetz! Du darfst Unterstützung annehmen! Das dient allen beteiligten Seelen!

Kiwi

Er ist nur 35 Zentimeter groß und schlicht graubraun, kann nicht fliegen und dennoch – oder genau deswegen – haben ihn die Neuseeländer zu ihrem Nationaltier erklärt. Er hat aber andere Überraschungen auf Lager. Er kann mit den Borsten an der Schnabelunterseite seine Beute ertasten und unter der Erde riechen, weil seine Nasenlöcher am Ende des Schnabels sitzen.

Klein, aber oho! Du kennst deine Stärken und Kräfte und weißt sie zu nutzen und einzusetzen! Unscheinbar, aber WoW-Effekt!
Kommst du schon aus dir heraus? Worauf wartest du?

Klapperschlange

Ihr Biss ist äußerst gefährlich und kann tödlich enden. Die Behandlung ist kompliziert und langwierig. Klapperschlangen warnen allerdings lautstark, bevor sie zubeißen.

Größtmögliche Heilung ist möglich, aber benötigt viel Ruhe und Zeit!
Wo darfst du dich groß machen und dich behaupten?

Knotenameisen

Die Knotenameisen leben bei uns in Europa und spielen eine wichtige Rolle im Lebenszyklus der Bäume. Sie halten den Lebensraum des Waldes lebendig, indem sie tote Pflanzenteile kompostieren.

Das Leben währt ewig! Prüfe, mit wem oder an was du dich bindest! Nicht alles ist es wert, dass du dich damit beschäftigst. Lasse dich nicht ablenken und fokussiere dich!

Koala

Koalas leben in Australien und bewohnen hauptsächlich Eukalyptusbäume. Sie sind überwiegend nachtaktiv und schlafen bis zu 20 Stunden am Tag, was mit den Inhaltsstoffen der Eukalyptusblätter zusammenhängt. Alles an ihnen ist langsam und strahlt Ruhe und Gelassenheit aus.

> Wie steht es um deine Träumereien und Visionen? Gibst du ihnen genug Raum, Zeit und Energie?
> Jede Tagträumerei ist es wert! Triff deine Wünsche und gehe hoch hinaus!

Kobra

Kobras können über zwei Meter lang werden und wenn sie sich aufrichtet und drohend ihr Schutzschild ausbreitet, wirkt sie noch gefährlicher und beeindruckender, als sie ohnehin schon ist. Eine feurige Kobra mit vergoldetem Hals bewachte Tut Anch Amun in der Unterwelt und galt bei den Alten Ägyptern als die Goldene Göttin.

> Steckst du in einer Illusion oder Täuschung fest? Machst du dir etwas vor?
> Finde deine eigene Wahrheit! Du bist mehr wert.

Kolibri

Der Kolibri gehört zu den kleinsten Vogelarten und hat ein schillernd-buntes Gefieder. Kolibris haben das Fliegen zur Kunst entwickelt und können nicht nur vorwärts fliegen und in der Luft auf der Stelle stehen. Sie sind die einzigen Vögel, die rückwärts fliegen können, wenn sie vor einer Blüte schweben, um den Nektar herauszusaugen.

Du besitzt einzigartige Fähigkeiten! Bist du dir dessen bewusst und lebst du sie?
Sei bereit für die Süße des Lebens!

Koi

Der Koi stammt vom Karpfen ab und wurde vermutlich von mehr als 2000 Jahren in Asien als Speisefisch eingeführt. Seither entstanden die unterschiedlichsten Züchtungen mit den bizarrsten Farben und Flossenformen. Koi oder Goi steht in Japan immer noch für Wohlstand und das Halten von Kois ist ein Zeichen von Status.

Wie steht es um deinen finanziellen Reichtum? Bist du bereit für die Liebe deines Lebens?

Kojote

Er sieht auf den ersten Blick aus wie ein Wolf, ist aber keiner. Bei den alten Völkern Nordamerikas gilt er als ambivalente Helferfigur, die einerseits für Chaos sorgt, andererseits aber auch den Weg aus dem Chaos heraus weist.

Bist du an einen Betrüger geraten? Gibt sich jemand als etwas anderes aus, als er in Wirklichkeit ist? Schaue hinter die Illusion!

Kondor

Für die Indios Südamerikas galt der Kondor als Götterbote. Er lebt in den Anden über 3.500 m Höhe und erreicht eine Spannweite von über drei Metern. Zur Nahrungssuche legt er am Tag bis zu 250 Kilometer zurück und lässt sich vom Wind bis in 7.000 Meter Höhe tragen. Er landet erst, wenn er etwas zu fressen gefunden hat.

> Wie kommst du mit deinen neuesten Ideen und Gedanken und Veränderungen klar? Fühlt es sich mehr nach Rückschritt an? Schaue ganz genau hin und handle dann, wenn es sich für dich richtig anfühlt!

Königin

Königinnen in einem Bienen- oder Wespenstaat sind um ein Mehrfaches größer als die einfachen Arbeiterinnen. Sie sind allein dafür verantwortlich, Nachwuchs zu erzeugen, damit die Gemeinschaft bestehen bleiben kann.

> Sie sind Botschafterinnen für: Größtmögliche Beachtung liegt im Feld! Eine große Aufgabe und Verantwortung. Nimmst du deine weibliche Aufgabe wahr? Lebst und erlebst du die Königin in dir? (Dies gilt auch für Männer, weil in jedem von uns weibliche und männliche Aspekte sind, die erlebt (bewusst) und gelebt (unbewusst) werden wollen).

Königspinguin

Nach dem Kaiserpinguin ist er der Zweitgrößte und er lebt wie dieser in der Antarktis. Seine Jungen brauchen volle 16 Monate, bis sie ausgewachsen sind.

> Es ist vollendet! Jetzt geht es an die Erfüllung! Bleibst du dir treu? Gehe weiter den Weg der Erleuchtung!

Koralle

Korallen gehören zu den Nesseltieren, leben in den tropischen Meeren und können bis zu 100 Jahre alt werden. Sie sitzen an einem festen Ort und können sich zu riesigen Kolonien zusammenschließen, die dann zum Lebensraum nicht nur sie selbst, sondern auch viele Fische und andere Lebewesen werden, wo der eine den anderen schützt und unterstützt.

> Fühlst du dich allein, klein und machtlos? Wir sind viele und wir sind gemeinsam stark!

Kormoran

Weil er sich ausschließlich von Fisch ernährt und in großen Kolonien lebt, wurde lange Jahre versucht, ihn auszurotten aus der Befürchtung heraus, er könnte die Fischbestände dezimieren. Deshalb hat er einfach sein Brutverhalten geändert und sich wieder erholt.

> Sortiere deine Gedanken. Denke nicht pessimistisch! Hast du Gedankendoofdings? Bist du im Gedankenkarussell? Du BIST deine Gedanken und diese formen deine Realität!

Krabben

Krabben gehören zu den Krebsen. Sie haben zehn Beine, von denen die zwei vorderen zur Nahrungsaufnahme dienen. Weil die vier anderen Beinpaare so eng beieinander liegen, können sie sich im Seitwärtsgang viel schneller bewegen, anstatt vorwärts oder rückwärts.

Welches Gefühl frisst dich innerlich auf? Es gibt kein Vor und kein Zurück! Suche einen anderen Weg!
Wo darfst du dich für dich selbst einsetzen? Neue Wege einschlagen?

Krähe

Bei den Kelten hieß es, Feen verwandelten sich in Krähen, um Botschaften zu überbringen. Immer umgibt sie eine Aura des Unheimlichen oder mystischen und im Mittelalter hieß es, sie seien mit den Hexen im Bunde.

Eine leise Stimme der Anderswelt hat eine Botschaft für dich parat. Öffne dich für deine Intuition!

Krake

Kraken sind achtarmige Tintenfische und die intelligentesten Weichtiere der Erde. Sie stehen manchen Säugetieren wie etwa Ratten in Bezug auf Lernfähigkeit in nichts nach. Sie haben ein vollständiges Gehirn und drei Herzen. Der Name könnte aus dem skandinavischen Raum stammen und »entwurzelter Baum« bedeuten.

Wie jung oder wie alt fühlst du dich? Alter ist eine Zahl! Du hast schon viele Leben gelebt. Wie alt ist deine Seele?

> Kümmere und nähre DICH herzlich um dich – damit ist
> dein Körper, deine Seele und dein Geist gemeint!

Krallenfrosch

Siehe unter »X« wie Xenopus.

Krankes Tier

Jedes kranke Tier wird im Verlauf der Krankheit schwächer und kann sogar daran sterben, weil seine Kräfte nicht mehr ausreichen.

> Wo schwächelst du? Was saugt oder raubt dir die Energie?
> Was möchte angeschaut und geheilt werden? Du darfst dir
> eine Auszeit nehmen und dich zurückziehen!

Kranich

Er lebt lieber in den nördlichen Regionen Europas und in Asiens Feuchtgebieten. In Schweden heißt er »Vogel des Glücks«, weil er dort als Frühlingsbote gilt und Wärme, Licht und Fülle mit sich bringt.

> Der Kranich ist der Botschafter für Weisheit und Fruchtbarkeit. Gedulde dich und das Glück fließt von alleine zu dir.
> Bist du wachsam genug, um nichts zu verpassen?

Kratzende Tiere

Ein Tier, das kratzt, ist in Abwehrhaltung und will sich verteidigen um so Abstand zu bekommen.

> Hier ist die Botschaft: Disharmonie. Was gehört nicht zu
> dir oder ist nicht dein Thema? Gibt es ab und schaffe Raum
> für dich!

Krebs

Krebse trippeln seitwärts oder rückwärts, weil sie wegen ihrer Beinanordnung vorwärts schlechter voran kommen. Er ist ein Wasserwesen und kommt nur bei Mondschein an Land.

> Bist du festgefahren und weißt nicht weiter?
> Finde neue Wege, um deine Ziele erreichen zu können! Passe dich der neuen Situation an und löse so die Blockade des Stillstandes!

Kriechtier/Reptil

Siehe unter »R« wie Reptil.

Krokodil

Sie sind direkte Nachfahren der Dinosaurier und zählen zu den ältesten Bewohnern der Erde. Unbeweglich liegen sie im Wasser, nur die Augen schauen heraus, und lauern auf Beute, die sich unvorsichtig zu weit vorgewagt hat. Wenn sie dann zuschlagen, scheinen sie geradewegs aus der Unterwelt zu kommen.

> Du hast uraltes Wissen in dir! Aktivere es! Behalte deine Augen wachsam offen und schaue hin! Alles kommt im richtigen Moment und zum richtigen Zeitpunkt zu dir! Bist du bereit für die nächste Gelegenheit?

Kröte

Kröten sind im Ganzen korpulenter als Frösche und sehr viel erdverbundener, da sie nur hüpfen und nicht springen können. Bei der Paarung muss das Weibchen das Männchen mit sich herumschleppen.

Die Kröte ermutigt dich zu wachsen und deine Fähigkeiten auszubauen. Wende dich deiner Weiblichkeit zu und verbinde dich mit deiner Ahninnenreihe.
In seltenen Fällen warnt sie vor Größenwahn. Was bereitet dir Bauchschmerzen? Hast du dich übernommen?

Küchenschabe

Siehe unter »K« wie Kakerlake.

Kuckuck

Er ist oft zu hören, aber praktisch niemals zu sehen. Zum Überwintern zieht er nach Afrika bis zum Äquator und kehrt zurück, um sich fortzupflanzen. Dabei spart er sich den Nestbau und legt seine Eier in die Nester anderer Vögel, die den Schmarotzer dann mit aufziehen und oft ihre eigenen Jungen verlieren.

Der Kuckuck bringt die Botschaft: Meins oder deins? Mischst du dich in das Leben anderer ein? Wurde dir Last aufgetragen, die nicht zu dir gehört? Gib ab!

Kugelfisch

Ein Kugelfisch enthält genug Gift, um 30 Menschen zu töten. Trotzdem wird er gerne gegessen. Er sieht völlig anders aus als die meisten Fische – eher wie eine Kugel – wenn er sich bei Gefahr aufpumpt. Um seine Angebetete zu betören, schiebt der kleine Fisch am Meeresgrund Sand zu einem wahren Kunstwerk zusammen.

> Was erwartest du vom Leben und der Liebe? Was möchtest du bekommen und was bist du bereit zu geben?
> Wie ist die Normalität, in die du geboren wurdest und was ist dein ganz eigenes, persönliches Empfinden?

Kuh

Im alten Persien gab es eine Kuh, die die Urmutter schlechthin gewesen sein soll. Sie nährt geduldig und mit Hingabe ihr Kalb und beschützt es, wie wir uns eine gute Mutter vorstellen. Sie hat großen Anteil am Wohlergehen der Menschheit, denn sie nährt uns, arbeitet für uns und wurde früher auch als lebender Ofen ins Haus geholt. Im Buddhismus gilt sie bis heute als heilig und wird als Lebensspenderin verehrt.

> Ehrst und achtest du deine Mutter, die Mutter in dir und Mutter Erde?
> Du hast immer alles in dir, was du brauchst!

Kuhantilope

Siehe unter »G« wie Gnu.

Kurzschwanzkänguru

Siehe unter »Q« wie Quokka.

$\mathcal{L}$

Lachs

achse leben sowohl im Meer als auch in Flüssen. Zur Laichablage zieht es sie vom Meer aus zurück dorthin, wo sie geboren wurden, um dort zu sterben. Sie überwinden auf ihrer langen Reise in die Heimat sogar die höchsten Wasserfälle.

> Wer buhlt hier um deine Gunst? Um wen buhlst du? Das Thema ist Anziehungskraft. Du ziehst an, was du ausstrahlst! Überdenke deine Wünsche! Sie könnten wahr werden ...

Lama

amas sind quasi Kamele ohne Höcker und leben in den Anden, wo sie als Haustiere aus den Guanakos gezüchtet wurden. Sie werden im Gebirge immer noch als Lasttier verwendet. Auch ihrer Wolle wegen werden sie sogar bei uns gerne gehalten.

> Bei dieser Botschaft geht es um einen fließenden Übergang oder um ein abruptes Ende. Hast du etwas vermischt anstatt klare Grenzen zu setzen? Eine Entscheidung ist fällig!

Landschildkröte

andschildkröten bewegen sich langsam, leben aber sehr lange. Ihr Panzer gibt ihnen Schutz. Sie können große Herausforderungen überwinden.

> Setze dir Teilziele bis zum Ziel. In der Ruhe liegt die Kraft! Du kannst alles erreichen, was du möchtest. Wollen statt wünschen!

Larve

Jede Larve ist eine Entwicklungsstufe eines Insekts, bevor es sich aus seiner Hülle befreit und zur Biene, Wespe, zum Schmetterling oder einem anderen »Imago« wird.

> Eine große Lebensveränderung steht an! Die ersten Schritte sind geschafft. Bist du ready?

Lästiges Tier

Tiere können auf vielfache Weise lästig werden: als Parasiten, als Stechmücken, sie können überanhänglich sein, Futter wollen oder um uns herum fliegen, laufen oder auf uns liegen und uns anders belagern.

> Was hängt da an deinem Rockzipfel und profitiert von dir? Wenn es oder etwas Energie zieht, dann weg damit!!!

Laufkäfer

Die meisten von ihnen können nicht mehr fliegen, allerdings sehr schnell rennen und treten oft in Massen auf.

> Hast du Angst, alleine zu sein? Wie geht es dir, wenn du mit dir bist? Magst du deine innere Stimme hören? Oder läufst du davor weg?
> Wisse: Du bist nie alleine! Es gibt viele von dir und du wirst gebraucht, sonst wärst du nämlich gar nicht hier ...
> Glaube an dich! An deine Fähigkeiten und Talente! Du bist richtig und wichtig genauso, wie du jetzt bist!

Laus

Läuse leben üblicherweise auf unserer Kopfhaut und in unseren Haaren. Ihre Vorfahren plagten schon unsere Ur-ahnen. Sie ernähren sich ausschließlich von Blut und müssen alle zwei bis vier Stunden Blut aufnehmen und überleben nicht länger als einen Tag, wenn sie beispielsweise abgefallen sind. Die Eier werden an den Haarschaft direkt über der Kopfhaut mit einem Sekret angeklebt, das beim Aushärten eine ähnliche Struktur hat, wie das Haar selbst.

Was stellst du infrage? Was hinterfragst du? Hinterfragt du dich selbst?
Die Antwort lautet: Raus aus dem Widerstand! Lasse etwas oder jemanden sein. So kommt die Lebensenergie wieder ins Fliessen.

Leguan

Leguane sind Reptilien und sehen aus wie Miniaturaus-gaben von Drachen oder Dinosauriern.

Die Botschaft der Leguane spricht von alter Liebe, die von Schmerz erzählt und geheilt werden möchte. Schmerz heilst du durch bewusstes Hinsehen und liebevolle Annahme.

Lemur

Lemuren gehören zu den Primaten und haben ihren Na-men von den römischen Totengeistern, den »Lemures« wegen ihrer großen Augen. Ihre Heimat ist Madagaskar, wo sie allerdings heute auf die Wälder in den Küstenregionen zurückgedrängt wurden, weil sie nur noch dort einen natur-belassenen Lebensraum finden.

> Grenzt du dich oder etwas ein? Schließt du etwas aus oder wirst du ausgegrenzt bzw. ausgeschlossen?

Leopard

Der Leopard hat, außer dem Menschen, nur wenige natürliche Feinde, wie beispielsweise den Löwen. Sein Gehör ist außergewöhnlich und auch in der Finsternis ist er zielsicher unterwegs. Zum besseren Überblick ruht er gerne hoch in einem Baum und kann von da aus sowohl Beute, als auch Feinde rechtzeitig erkennen.

> Du hast dein Ziel vor Augen! Handle nicht voreilig! Du stehst kurz vor der Vollendung! Fokussierst du genug? Oder lässt du dich ablenken?

Leopardgecko

Leopardgeckos sind dämmerungs- und nachtaktiv und leben in den Steppen von Pakistan, Nordwestindien und Afghanistan, sind aber wegen ihrer Anpassungsfähigkeit und Zutraulichkeit als Haustiere so beliebt geworden, dass sie inzwischen fast auf der ganzen Welt, in den abenteuerlichsten Farbzüchtungen, zu finden sind.

> Bei dieser Botschaft geht es um die Frage, ob du dich in guter Gesellschaft befindest oder ob du lieber alleine bist? Bist du bereit, die Welt zu erobern? Gehe voller Tatendrang los und sei dir sicher, dass du vielen Gleichgesinnten begegnen wirst!

Lerche

Der kleine Singvogel brütet bei uns am Boden und erhebt sich ab dem Morgengrauen stundenlang trillernd hoch in die Lüfte. Am Boden sind er und sein Nest gut getarnt und kaum zu finden. So lebt er quasi in zwei Elementen – in und mit der Erde und mit und in der Luft. Seit Shakespeares »Romeo und Julia« verkörpert die Lerche den Anbruch des Tages für ein liebendes Paar.

> Besiege deine Ängste! Vertraue in die Melodie deines Lebens! Vertraue auf dein Herz. Hörst du die Stimme deines Herzens?

Leuchtkäfer

Siehe unter »G« wie Glühwürmchen.

Libelle

Die Flugkünstler sind wegen ihres Körperbaus und ihrer Komplexaugen wendig und schnell und sehr effizient auf der Jagd. Sie können ihre Flügelpaare unabhängig voneinander bewegen und abrupte Richtungswechsel vollziehen, in der Luft stehenbleiben und sogar rückwärts fliegen. Bis aus einer Larve allerdings die schillernde Schönheit schlüpft, können bis zu fünf Jahre vergehen, in denen sie als »Jungfer« unter Wasser lebt. Die Libelle selbst lebt nur einige Wochen.

> Mit ihrer Botschaft spricht sie deine Effizienz und Schnelligkeit an! Geht es dir schnell genug? Wann ist deine Blütezeit? Hast du das Gefühl, warten zu müssen? Bei allen anderen geht alles schneller? Deine Zeit kommt! Sie is so gut wie da! Und dann geht es richtig, richtig schnell und intensiv!!!

Löwe

Löwen leben in einem Rudel zusammen, das vom stärksten Männchen angeführt wird. Die Löwinnen jagen stets gemeinsam, wobei jeder eine bestimmte Aufgabe zukommt.

> Habe Energie und Tatkraft. Bist du eine Führungsperson oder hast du deine bestimmte Aufgabe innerhalb eines Teams, einer Gesellschaft, einer Familie? Was sind deine Stärken und Talente? Finde sie heraus und wende sie an!

Luchs

Luchse leben in den Wäldern Europas und Asiens als Einzelgänger. Er ist also stets auf sich alleine gestellt und braucht sich außer bei der Paarung nach niemandem zu richten. Überraschung ist bei der Beutejagd seine absolute Stärke, bei der ihm auch seine hervorragende Tarnung zugutekommt.

> Steht Hinterlist im Raum? Zerreißt es dich, wenn du an etwas bestimmtes denkst?
> Mit wem oder was schließt du einen Kompromiss, obwohl es Wut in dir auslöst?

M

Made

Jede Made ist die Vorstufe zu einem Insekt. Speziell Fliegenmaden finden wir eklig, da sie von faulem Fleisch und anderen Abfällen leben. Am Ende steht die Verwandlung.

> Nimm die schlechten Seiten in dir an, um sie verändern zu können. Hast du ein schlechtes Gewissen? Woher kommt es? Gehe durch das Thema hindurch und gebe dich voll hin. So kommst du aus diesem Kreislauf heraus!

Maikäfer

Der Maikäfer ist ein Frühlingsbote und lebt nur bis kurz nach der Begattung bzw. der Eiablage. Seine Nachkommen, die unscheinbaren Engerlinge, brauchen bis zu fünf Jahre, bis sie durch die Metamorphose durch gehen.

> Lasse dich nicht vom Schein täuschen! Da steckt mehr dahinter! Fülle oder Verlust? Du entscheidest!

Makrele

Makrelen leben in Schwärmen, sind schnelle Schwimmer und entkommen dank ihrer hohen Beweglichkeit und weil sie Wassertiefen ohne Druckausgleich wechseln können, um so ihren Fressfeinden zu entkommen. Während der Winterruhe fressen sie nicht, dafür aber im Frühling und Sommer während der Laichzeit umso mehr.

Triggerwarnung! Wer nicht wagt, der nicht gewinnt! Aber Vorsicht: Bleibe deinem Herzen treu!
Bist du bereit für eine neue Etappe, ein neues Kapitel in deinem Leben?

Mantarochen

Er kann über acht Meter breit werden, ist aber trotz seiner beeindruckenden Erscheinung für Taucher völlig ungefährlich. Früher kursierten haarsträubende Geschichten über Mantarochen, die angeblich ganze Schiffe in die Tiefe gerissen hatten.

Ist dir etwas oder jemand zu nahe gekommen? Möchtest du mehr Abstand und Diskretion?
Fordere deinen Raum ein!

Marabu

Der Marabu gehört zu den Störchen, ähnelt mit seinem nackten Hals aber in vielem dem Aasgeier und wie dieser, ernährt er sich von Abfällen und toten Tieren. Der Marabu hält im Flug Ausschau nach verendeten Tieren. Wenn er eines erblickt hat, lässt er sich regelrecht fallen und landet mit großer Geschwindigkeit bei dem Aas, häufig auch mitten zwischen Geiern. Erstaunlicherweise machen die Geier dem Marabu Platz, da diese viel Respekt vor seinem großen Schnabel haben.

Hast du rasende oder ungeduldige Gedanken?
Eins nach dem Anderen! Fokussiere, zu viele Gedanken lenken dich ab und paralysieren dich!

Marder

Die kleinen Raubtiere können zur echten Plage werden und große Schäden an Pkw, am Haus und auch im Garten anrichten, wo sie sich systematisch durchbeißen. Es sind eine Menge Hausmittel und Ratschläge auf dem Markt, wie sie eingedämmt werden können. Aber dank seiner Kreativität kommt er trotzdem oft an sein Ziel. Andererseits ist er ausgesprochen nützlich und hält Mäuse und andere Schädlinge in Schach.

Der Marder als Botschafter warnt vor Klatsch und Tratsch. Wirst du an deinem Fortschritt oder an deinem Vorankommen gehindert oder ausgebremst? Lasse dich nicht von anderen aufhalten!

Marienkäfer

Den kleinen, meist roten Marienkäfer gibt es mit unterschiedlich vielen Punkten auf den Flügeln. In unserer Gesellschaft ist er zusammen mit dem Schwein ein Vorbote von Glück und Erfolg.

Deine Pläne, Vorhaben und Visionen kommen zu einem guten Ende.
Bist du bereit für deine Wunscherfüllung?

Maultier

Das Maultier oder Muli stammt von einer Pferdestute und einem Eselhengst ab und ist unfruchtbar. Maultiere gelten als wenig scheu, willensstark und manchmal widerspenstig, wenn sie etwas tun sollen, von dem sie nicht überzeugt sind. Sie sind aber auch sehr gutmütig und gradlinig.

Bist du uneinsichtig bei einem Streitthema? Hast du ein Bedürfnis, das von anderen unterdrückt wurde oder wird? Sprich es aus und stehe für dich und deine Bedürfnisse ein!

Maulwurf

Bei Gärtnern ist er überhaupt nicht gerne gesehen. Kaum hat der Maulwurf seinen Hügel aufgeworfen, wird er auch schon wieder niedergewalzt und er selbst wird unbarmherzig bekämpft, obwohl er doch dafür sorgt, dass die Schädlinge in eben diesem Garten nicht überhand nehmen.

Hat dir jemand etwas weggenommen oder streitig gemacht? Fühlst du dich ungerecht behandelt? Kläre in dir deine Themen, damit das Aussen sich ganz von selbst beruhigt! Ausserdem ist der Maulwurf ein Bote für Geld, dass zu dir fliessen möchte, wenn du es zulässt! Schaue dafür deine Glaubenssätze zum Thema Geld an.

Maus

Die kleinen Lebenskünstler werden von vielen Feinden bedroht und doch gelingt es ihnen immer wieder dank hoher Geburtenraten und geschickt angelegter Gänge zu überleben und sich so ihre Lebensräume auf der ganzen Erde zu sichern.

Die Maus als Botschafterin spricht eine Warnung aus. Hüte dich vor der Hinterlist anderer! Missgunst gegenüber deinem Glück und deiner Fülle steht im Raum. Packe die Chance rasch und du wirst grosses Glück erfahren! Dann erfüllt sich alles ganz schell und Erfolg zieht in dein Leben ein!

Mäusebussard

Er gehört zu den Habichten und kommt bei uns sehr häufig vor. Er ruft viel und laut im Flug, vor allem während der Balz, bei der das Paar gemeinsam hoch oben segelt, gefolgt von einem abrupten Sturzflug zum Nest.

> Siehst du einen Mäusebussard, läutet er lautstark ein »Hoch« ein!
> Jetzt kann es oder etwas ganz schnell gehen und plötzlich ist alles anders. Stets zu deinem und dem Wohle aller beteiligten Seelen.

Medusa

Siehe unter »Q« wie Qualle.

Meerkatze

Die kleinen Affen leben heute nur noch südlich der Sahara in Wäldern und Savannen. Da sie gerne über Plantagen und Felder herfallen und diese zerstören, ist der Mensch ihr größter Feind. Bei Gefahr halten die Affen zusammen und leisten gut organisierten Widerstand.

> Bei dieser Botschaft geht es um Betrug und List. Hat dich jemand oder etwas in eine missliche Lage gebracht?
> Es gibt immer und überall mindestens einen Ausweg! Oft aber gibt es viele Möglichkeiten, sich aus einer misslichen Lage zu befreien!

Meerschweinchen

Sie kamen aus Südamerika zu uns und heißen so, weil sie mit dem Schiff kamen und auch recht laut wie kleine Schweine quieken. Sie können bis zu sechs Junge pro Wurf bekommen und sich das ganze Jahr über paaren.

> Ein freudiges Ereignis steht an! Vielfalt, Freude und Fülle kommen in dein Leben!
> Sage laut und deutlich, was du möchtest! Dann bekommst du es auch!

Meise

Wenn im Winter die Futterstellen auf unseren Balkonen wieder mit Körnern gefüllt sind, stellt sich der kleine Singvogel in Scharen ein, denn er bleibt über Winter bei uns. Meisen halten sich fast das ganze Jahr über in der Nähe von Häusern auf, weil sie dort immer Futter finden. Im Frühjahr finden sie dort auch einen Nistplatz, um ihre Jungen großzuziehen.

> Sehnst du dich nach Gesellschaft? Großes Vorhaben fängt im Kleinen an. Beobachte deine Gedanken um dich besser verstehen zu können und lerne dann, sie zu steuern, damit du deine Realität bewusst kreieren kannst.

Menschenaffen / Primaten

Menschenaffen sind unsere nächsten Verwandten. Sie verfügen über eine erstaunliche Intelligenz und definitiv auch über ein Bewusstsein, das dem menschlichen ähnlich ist. Oftmals vergessen wir, dass wir unsere nächsten Verwandten bedrohen.

> Frage dich: Wo kommst du her? Was sind deine Wurzeln? Wer bist du und was ist deine Aufgabe? Wer gehört wirklich zu deiner Familie? Dazu zählt auch deine Sternen- oder Seelenfamilie.

Milan

Er gehört zu den Habichten und ist in Europa zuhause. Er braucht freie Landschaften. Er ist deutlich größer als der Bussard und klaut ihm ab und zu schon mal seine Beute. Wenn es gar nicht anders geht, ernährt er sich auch von Aas.

> Fühlt sich jemand in Konkurrenz mit dir? Schmiede deinen Plan für dein Vorhaben, aber behalte es für dich. Tritt vorbereitet in Erscheinung und ziehe dein Ding durch!

Mini-Pig

Ursprünglich gezielt als Versuchstier gezüchtet, ist das Minischwein heute als Haustier beliebt. Wie alle Schweine gilt es als Symbol für bevorstehendes Glück und Wohlstand und steht als Sparschwein immer noch in vielen Haushalten.

Es gilt als Glückssymbol, auf materielle Güter bezogen. Etwas Unnahbares kommt auf dich zu und bleibt dir lange erhalten? Hast du alles vorbereitet? Vorsicht ist besser als Nachsicht!

Mistkäfer

Mistkäfer versorgen ihre Larven in Brutkammern und legen dort Vorräte an, die sie aus Dung oder Humus zu Kugeln formen und nach Hause rollen. Sie entsorgen also die »Abfälle«, die in der Natur regelmäßig anfallen und führen sie dem Kreislauf wieder zu. Um wieder nachhause zu finden, nutzen sie die Milchstraße und den Mond. Der Skarabäus, wie er auch genannt wird, war im frühen Christentum ein Symbol der Auferstehung.

Eine fruchtbare Zeit steht an, wenn du dich gut um dich oder um eine Angelegenheit kümmerst!
Gibt es ein wiederkehrendes Thema, das du dir nochmals anschauen und auflösen darfst?

Molch

Molche können Flossen entwickeln, Gliedmaßen, Organe, Muskulatur, Haut, Knochen und Gelenke nach einer Verletzung nachbilden und sich so selbst reparieren.

Da musst du durch, wenn es etwas werden soll! Gib nicht auf! Du bist kurz vor dem Ziel! Wie groß ist dein Vertrauen in dich?

Molluske

Siehe unter »W« wie Weichtier.

Moskito

Siehe unter »S« wie Stechmücke.

Motte

Motten oder Nachtfalter sind hauptsächlich in der Dunkelheit unterwegs, werden allerdings vom Licht wie magisch angezogen, da künstliches Licht in ihrem »Programm« nicht abgespeichert ist und sie es für Sonnenlicht halten.

> Die Botschaft der Motte lautet: Anziehungskraft!
> Strahlst du genug, um alles anzuziehen, was dein Herz begehrt? Es geht um tiefe Gefühle!

Möwe

Wie kaum ein anderes Tier ruft die Möwe ein Gefühl der Sehnsucht nach Weite in uns hervor, wenn sie laut rufend über dem Meer kreist, um nach Nahrung zu suchen. Sie sind sehr gesellig und kommunizieren viel untereinander.

> Hast du Sehnsucht?
> Bald schon kommt Bewegung in eine Sache und bringt dir Klarheit über das Weitergehen und den Ausgang.

Mücke

Die Weibchen dieser kleinen Insekten sind lästig und nicht besonders beliebt. Sie stechen und hinterlassen dabei tagelang juckende Stellen auf der Haut und können Krankheiten übertragen.

Hängst du in Gedanken an einem Thema, das überhaupt nicht den Wert hat, dass du so oft daran denkst? Zeitverschwendung! Spiele den Gedankengang zu Ende und konzentriere dann deine Gedanken auf etwas anderes.

Mufflon

Der Mufflon lebt auf Korsika und Sardinien in offenen Gebirgslandschaften auf steinigen, trockenen Böden. Nach einer Zeit der intensiven Bejagung und Wilderei, stabilisiert sich der Bestand allmählich wieder. Ursprünglich stammt er aber aus Vorderasien.

Eine Durststrecke geht bald zu Ende und ein neues Kapitel steht an. Bist du bereit für Veränderung in deinem Leben?

Muschel

Alle Muscheln schützen ihren weichen, verletzlichen Körper, indem sie bei Gefahr ihre beiden Gehäusehälften zusammenklappen und mit einem starken Muskel geschlossen halten. Die Schale bedeutet Schutz, Verteidigung, aber auch Abgrenzung nach außen. Wenn wir uns eine große Muschel ans Ohr halten, glauben wir, das Meeresrauschen zu hören.

Wurdest du verletzt und hast dich verschlossen und zurückgezogen? Dann lautet die Aufgabe; Herzöffnung!
Bist du sensibel und leicht verletzbar? Nimm diese Seite an und schütze sie liebevoll und im Vertrauen darauf, dass alles seine Richtigkeit hat, wie sie in genau dem Moment ist.

Murmeltier

Murmeltiere sind mit unseren Eichhörnchen verwandt und leben in Europa und Amerika. Sie graben komplexe unterirdische Gangsysteme, die weit verzweigt sein können.

> Höre und sieh genau hin! Da liegt Verborgenes in dir, das entdeckt und ausgegraben werden möchte: Bist du bereit für einen Schatz?

Mustang

Mustangs sind die verwilderten Nachfahren von Hauspferden, die von spanischen Konquistadoren in Nordamerika eingeführt wurden. Sie leben in Herden vor allem in den Prärien von Montana, Wyoming und Oregon. Sie sind mutig, eigenwillig und reaktionsschnell. Schon der spanische Name Bronco für einen ungerittenen Mustang bedeutet roh, grob und ungestüm.

> Wie wild und frei lebst du dein Leben wirklich? Hörst du den Ruf im Wort »Berufung«? Lebst und erlebst du deine Bestimmung?

Muttertier

Muttertiere behüten und beschützen ihren Nachwuchs unter allen Umständen auch unter Einsatz ihres eigenen Lebens und versorgen ihn mit allem Notwendigen, bis er selbst dazu in der Lage ist.

Die Botschaft beinhaltet die Themen deiner Ahninnenreihe. Hast du einen unerfüllten Mutterwunsch? Steht ein unaufgelöstes Mutterthema im Raum? Wie nährst du dich und andere it deiner Energie?
Ernährst, hegst und pflegst du dich gut genug um dich selbst und um deine weiblichen Aspekte in dir? Ehre und achte dich und deine Wünsche!

Nabelschwein

Siehe unter »P« wie Pekari.

Nachtfalter

Nachtfalter sind im Gegensatz zu den Faltern, die wir gemeinhin Schmetterlinge nennen und nur tagsüber unterwegs sind, nachtaktiv. Wie die Tagfalter entwickelt er sich in einem langen Prozess von der Raupe zum fertigen Imago.

> Nachtfalter sind ein Zeichen für: Du kannst nichts machen außer weiter! Glaube an dich selbst!

Nachtigall

Der kleine unscheinbare Vogel ist nur für einige Monate bei uns. Es ist unglaublich, dass so ein kleines Wesen so wunderbar singen kann – und das auch noch sehr laut. Dabei verbessern die Männchen ihren Gesang immer weiter, indem sie ältere imitieren und üben, bis sie schließlich ihren eigenen, individuellen Sound gefunden haben.

> Hast du mehr erwartet?
> Der Weg beginnt mit dem ersten Schritt. Einer nach dem anderen. Wachstum geschieht außerhalb deiner Komfortzone! Träume groß! Geh los!

Nacktschnecke

Die Nacktschnecke hat ihr ursprüngliches Gehäuse reduziert oder in ihren Körper hinein verlegt, sodass sie sich bei Gefahr nicht mehr zurückziehen kann. Sie ist überall außer in sehr kalten, sehr heißen und gebirgigen Regionen zu Hause.

Kümmerst du dich genug um deine Gesundheit? Innen wie außen! Du bist ein Teil vom großen Ganzen! Wenn es dir gut geht, ist allen geholfen!

Nageschnäbler

Siehe unter »T« wie Trogon.

Nagetier

Nagetiere ernähren sich ausschließlich von Pflanzen und müssen sich, da sie Beutetiere sind, stark vermehren, um ihren Bestand zu sichern. Daher kommt es immer wieder auch in guten Jahren zur Überbevölkerung, die später in einer Art Selbstregulation wieder abnimmt.

Was ist ins Ungleichgewicht geraten?
Mit Mut und Durchhaltevermögen kommst du ans Ziel!

Narwal

Wegen seines Stoßzahns wird er auch »Einhorn der Meere« genannt. Dieser Stoßzahn dient jedoch nicht zur Verteidigung, sondern trägt wohl eher dazu bei, Dominanz unter Männern zu unterstreichen. Er reist in großen Gruppen und dabei bis in große Tiefen und wandert zwischen Wintergebieten unter dem Packeis und eisfreien Gebieten im Sommer.

Flucht ist die beste Verteidigung. Stimmt das für dich? Hast du es satt davonzulaufen? Gehe ganz neue Wege!

Nasenbär

Die kleinen Raubtiere gibt es nur in den Wäldern Südamerikas, wo sie sich meist in Bäumen aufhalten. Beim Klettern hilft ihnen ihr langer buschiger Schwanz dabei, die Balance zu halten. Sie sind wahre Turnkünstler. Ihren Namen haben sie von ihrer rüsselartig verlängerten Nase, die sehr beweglich ist.

Sei nicht wie alle anderen! Sei einzigartig! Dann bist du mit Leichtigkeit im Flow!

Nashorn

Obwohl es so stark und schnell ist, hatte es das Nashorn in seinem Leben noch nie leicht. Entweder wegen seines Horns für Medizin gejagt oder als Trophäe. Dennoch gibt es das Nashorn immer noch, weil Menschen umdachten und es nun nach Kräften schützen.

> Das Leben wird nicht leichter, sondern du wirst stärker! Erinnere dich! Es gibt viele Wege! Hast du Mut für mehr?

Natter

Nattern sind schlanke Schlangen, die sich an Land wie im Wasser wohlfühlen. Manche können sogar von Baum zu Baum gleitfliegen. Die bei uns vorkommenden Arten sind nicht giftig. Allerdings mag so manches Beutetier in Starre verfallen, wenn es in ihre großen Augen blickt.

> Fühlst du dich wie gelähmt und weißt nicht weiter? Halte einen Moment inne und atme aus und ein. Die Heilung deines Schmerzes geschieht ab dem Zeitpunkt, in dem du ihn hingebungsvoll annimmst!

Nesseltier

Nesseltiere sind einfach gebaute Tiere, die meist die Küsten, den Grund und das offene Wasser der Weltmeere bewohnen. Eine ihrer Untergruppen bauen Steinkorallenriffe, die monumentale Ausmaße annehmen können. Korallen sind nicht auf den ersten Blick als Lebewesen zu erkennen, sondern gleichen eher Steinformationen. Die Seeanemonen wiederum gleichen eher Blumen. Quallen sehen zwar bezaubernd aus, können aber für Schwimmer lebensgefährlich werden.

> Stehst du vor einem Rätsel? Weder Verstand noch das Herz wissen weiter oder geben einen Rat? Jetzt helfen dir deine Spirit Guides! Bitte um weitere Zeichen und sie werden dir gegeben!

Nest

Ein Nest ist für junge Vögel ein Ort der Geborgenheit und der Fürsorge, solange sie noch von den Eltern abhängig sind. Es bietet Schutz, Wärme, Geborgenheit und ein Zuhause.

> Wie steht es um deine Geborgenheit und dein eigenes Familienglück?
> Was sind deine Wünsche und Ziele diesbezüglich? Du darfst dir alles wünschen! Alle Bedürfnisse und Emotionen haben ihre Daseinsberechtigung!

Nilpferd

Sie verbringen die meiste Zeit schlafend oder ruhend im Wasser. Dabei lassen sie sich vom Wasser tragen und nur die Nasenlöcher sind zu sehen. Allerdings kann es trotz seines süssen Aussehens äußerst aggressiv werden, wenn es sich in die Enge getrieben fühlt und dabei auch an Land eine beachtliche Geschwindigkeit erreichen.

> Mach es! Im schlimmsten Fall wird es eine Erfahrung! Hast du Angst, unterschätzt zu werden? Du bist groß-artig!

Nordamerikanischer Präriewolf

Siehe unter »K« wie Kojote.

Nutria

Nutrias kommen ursprünglich aus Südamerika und wurden bei uns angesiedelt. Sie leben immer in Wassernähe und ernähren sich hauptsächlich vegetarisch. Sie sind sehr soziale, treue und friedliche Tiere, die ihren Bestand selbst regeln. Auf ihrer Nahrungssuche kann man den Eindruck gewinnen, sie seien ständig emsig unterwegs.

> Denkst du zu viel nach und damit kaputt?
> Wenn deine Gedanken hin und her gehen, dann mach mal Pause! Meditiere! Gedankenruhe ist angesagt!

O

Obstfliege

Obstfliegen suchen sich vor allem im Sommer ihre Brutstätten in unseren Wohnungen auf dem Obstteller, im Biomüll oder im Blumentopf und sitzen zu Scharen darauf. Auch der gute Wein im Glas ist vor den lästigen winzigen Gesellen nicht sicher. Ansonsten sind sie völlig harmlos und haben in der Natur die Aufgabe, natürlichen Müll zu entsorgen.

> Hast du in einer Situation mit einem Menschen oder Tier überreagiert? Hast du dich bedroht gefühlt, obwohl keine Gefahr bestand? Und dann zu heftig darauf reagiert? Gehe ins Ehren und Achten. Nimm das Erlebte als Lernerfahrung an. Vielleicht geht es dir mit einer Entschuldigung wieder besser?

Ochse

Der starke Ochse ist weltweit zu finden und war über Jahrhunderte unser unermüdlicher Helfer bei der Feldarbeit und ließ uns nie im Stich.

> Bist du verantwortungsbewusst? Weißt du jederzeit um Antworten und wo Rat einholen? Dies sind die Themen, um die du dich jetzt kümmern darfst!

Ohrwurm (Ohrenkneifer)

Ohrwürmer gehören zu den Insekten und tragen diesen Namen, weil sie von der Antike bis in die Neuzeit pulverisiert gegen Ohrenkrankheiten verabreicht wurden. Obwohl sie Zangen haben, kneifen sie uns keineswegs in die Ohren und kriechen auch nicht in sie hinein.

Fühlst du dich von jemandem oder etwas bedrängt? Heilung kann passieren, wenn du jetzt auf dein inneres Bauchgefühl hörst!

Okapi

Das sehr seltene Tier ist mit der Giraffe verwandt, kommt in freier Wildbahn nur noch im Kongo vor und ist stark vom Aussterben bedroht. Allerdings erinnert sein Aussehen mit den auffälligen weißen Streifen an den Beinen nur sehr wenig an eine Giraffe.

Die Botschaft beinhaltet das Thema Orientierung und innerer Kompass. Wie ist dein eigenes Wahrheitsbewusstsein? Setze dich mit deiner Wahrheit auseinander und du bekommst intuitiv Antworten auf ein Problem, das im Raum steht.

Oktopus

Der Name bedeutet wörtlich aus dem Griechischen übersetzt: »das Tier mit acht Füßen«, mit denen er sich geschickt vorwärtsbewegt und sich bei Bedarf mit seinen Saugnäpfen auch verankern kann. Oktopusse leben in allen Ozeanen der Erde und viele Menschen der Küstenregionen fühlen sich stark mit ihnen verbunden. In der griechischen Kunst wird er als Medusa, die Lähmende und mit Hydra, die Vielköpfige, deren Köpfe immer wieder nachwachsen, so oft man sie auch abschlägt, verglichen.

> Synchronizität! Die Zeichen sind überall und möchten wahrgenommen werden. Empfange groß und von überall her!

Opossum

Opossums gehören zu den Beutelratten und kommen ursprünglich aus Nordamerika. Wenn es bedroht wird, stellt es sich tot, um Feinde abzulenken und fällt auch sonst kaum auf. Auf diese Weise schafft es das Opossum, auf unspektakuläre Weise, sich und auch seine Lieben zu schützen.

> Liebe, Selbstliebe, Selbstfürsorge sind so lange Werte, bis du ihnen eine Bedeutung gibst, einen Sinn, einen Platz und Raum.
> Fokussierst du, oder verzettelst du dich?

Orang-Utan

Die »Waldmenschen« gehören zu den Menschenaffen, sind aber viel stärker als andere an ein Leben in Bäumen angepasst. Sie sind auch eher Einzelgänger, außer während der innigen Mutter-Kind-Beziehung. Derzeit warten Hunderte von Orang-Utans auf eine Auswilderung in ihren Heimatländern.

Wie gut kennst du dein inneres Kind? Was sind deine Bedürfnisse und was hindert dich daran, sie vollständig auszuleben? Hörst du auf deine innere Stimme?

Orca

Mit ihrer schwarz-weißen Färbung und der ausgeprägten schwertförmigen Rückenflosse sind Orcas die auffälligsten Wale. Sie leben in Familiengruppen, auch Schulen genannt. Sie haben ein komplexes Sozialverhalten und starke Sozialstrukturen und schließen sich auch zu Klans zusammen, die aus mehreren Familien bestehen. In den Gruppen bilden sich eigene Sprachen heraus und sie können sich im Spiegel erkennen. Wie wir zeigen sie Frustration, Angst, Freude, Liebe und Wut.

Etwas oder jemand ist dir näher, als du glaubst. Wie nahe lässt du die Meinung anderer zu? Bist du bereit für deine eigene Wahrheit?

Otter

Wie kaum ein anderes Säugetier ist der Otter im Wasser wie auch an Land heimisch und verbindet die beiden Elemente Wasser und Erde miteinander. Noch über das Mittelalter hinaus behaupteten Mönche, am Freitag Otterfleisch essen zu dürfen, da er doch eigentlich zu den Fischen gehöre.

> Hast du Verlustängste? Der Trennungsgedanke kommt vom Ego und ist eine Lüge! Im Herzen bist du immer mit allem verbunden!

Pandabär

Das Wort Panda bedeutet auf Nepalesisch »Bambuses-
ser«, das heißt, sie ernähren sich größtenteils von dieser Pflanze, obwohl sie Raubtiere sind. Er hat deshalb die
stärksten Mahlzähne unter den Raubtieren und lebt im Hi-
malaja. Pandas verschlafen den größten Teil des Tages, um
dann in der Dämmerung zum Fressen aufzuwachen. Junge
Pandas bleiben drei Monate lang in ihrer Höhle, bevor sie
ihre Umgebung erkunden.

In der Ruhe liegt die Kraft!
In dir ruht eine ganz klare, starke Power. Es gibt ein winziges
Detail, das Aufmerksamkeit von dir möchte! Horche in dich!

Pangasius

Der Glattwels ist einer der beliebtesten Speisefische und
gilt als sehr gesund. Leider wird er nicht, wie beworben,
im Mekongdelta gefischt, sondern in Farmen zu Tausenden-
den zusammengepfercht gezüchtet und dort mit bis zu 50
Antibiotika behandelt, um Krankheiten einzudämmen.

Wurdest du enttäuscht?
Sehr gut, denn das bedeutet das Ende der Täuschung! Jetzt
kann es weitergehen und du darfst Schlüsse aus diesem Er-
lebnis ziehen: Was willst du? Was willst du anders?

Panther

Der Panther gehört zu den Großkatzen und ist in den meisten Fällen gefleckt, wie auch der Leopard. Wegen eines genetischen Defekts gibt es auch schwarze Panther, die bei entsprechendem Lichteinfall aber dennoch die typischen Flecken zeigen.

Hier verbirgt sich ein Mythos! Sieh genau hin und beachte die Details! Bist du bereit für Blicke hinter die Kulissen? Etwas enthüllt sich schon sehr bald!

Papagei

Papageien sind ausgesprochen kontaktfreudig und lernen in Gefangenschaft sehr gut sprechen, wobei sie natürlich nicht wissen, was sie von sich geben. Die meisten Papageien kommunizieren sehr laut miteinander und sind im Urwald weithin zu hören.

Wie gehst du mit positiver und negativer Kritik um?
Kommst du damit klar?
Höre auf deine innere Weisheit und trage Botschaften hinaus in die große Welt!

Pekari

Pekaris oder auch Nabelschweine leben in Süd- und Mittelamerika. Ihr Name bedeutet in der Sprache der brasilianischen Tupis »Tier, das viele Wege durch den Wald macht«, das heißt, sie sind viel unterwegs.

Woher kommst du, und was ist deine Lebensaufgabe?
Wohin willst du? Was ist das Ziel?

Pelikan

Pelikane sind die schwersten flugfähigen Vögel. So elegant sie in der Luft wirken – die Landung sieht in den meisten Fällen ausgesprochen unbeholfen aus. Er ist Namensgeber der bekanntesten und renommiertesten Füllfederhalter-Hersteller.

> Poesie verbindet! Durch Aufschreiben deiner Gedanken manifestierst du für dich, dein Gegenüber und das ganze Kollektiv! Mache dich deiner Gedanken und deren Tragweite bewusst!

Perlhuhn

Perlhühner sind tagaktive Bodenbewohner, die frühmorgens und spätabends am regsten unterwegs sind. Sie gehören zu den ersten domestizierten Vögel. Sein griechischer Name war »Meleagris« nach einem Sagenhelden, dessen Schwestern in Perlhühner verwandelt wurde. Die Punkte auf dem Federkleid sind die um den Bruder vergossenen Tränen.

> Wie intensiv erlebst du dich und dein Leben?
> Es gibt noch viel, viel mehr und es geht nur um die Liebe!

Perlhuhnbärbling

Der kleine Karpfenfisch stammt aus Myanmar und Thailand und wurde nach seiner Entdeckung plötzlich sehr selten, weil jeder Aquarianer einen haben wollte und alle Lebensräume überfischt waren.

> Wenn es tobt und stürmt um dich, gehe in dein Herz! Fairness gibt es in dieser Realität nicht! Stehe für dich und deine Liebsten ein!

Pfau

Der Pfau besticht durch sein extravagantes Rad, das er schlägt, um Artgenossen zu imponieren und sich in Szene zu setzen. Ausserdem steht er für Schönheit, aber auch für Selbstverliebtheit und stellt in der Mythologie einen Göttervogel dar. Für die alten Griechen gehörte der Pfau zu Hera, für die Römer zu Juno. Iris trägt die gleichen Farben wie sein Schwanz und wenn die Augen darauf erlöschen, erlischt auch das Licht.

> BeRUFung – Hörst du den Weckruf?
> Eine magische neue Welt möchte sich dir eröffnen!

Pferd

Seit Menschengedenken begleitet das Pferd den Menschen als Lastenträger, als Reittier, als Ackerpferd oder als schweres Rückepferd im Wald und auch als Fleischlieferant. Erst mit Aufkommen des Automobils und der Eisenbahn verschwand das Pferd allmählich als Transportmittel und die Reiterei wurde mehr und mehr zum Hobby. In den letzten Jahren orientiert sich der Umgang mit ihm mehr und mehr an seinen natürlichen Bedürfnissen.

> Wirst du (noch) benutzt oder genutzt, oder lebst du deine
> Bestimmung und Lebensaufgabe?
> Es geht um Lebenskraft! Jetzt ist volle Power angesagt!

Pilotwal

Siehe unter »G« wie Grindwal.

Pinguin

Pinguine leben in der Antarktis und sind flugunfähig. Dafür sind sie Meister im Schwimmen und im Tauchen. Zur Aufzucht ihrer Jungen bilden sie große Ansammlungen, um sich gegenseitig zu wärmen und zu schützen. Dabei stehen die äußeren Tiere immer mit dem Rücken nach außen, um Kälte und Wind abzuhalten.

> Möchtest du groß hinaus, aber hältst dich (noch) zurück? Die Welt braucht dich und deine Talente! Ein kleiner Funken der Hoffnung weist dir den Weg! Du brauchst das Außen nicht! Du hast ALLES in dir!

Pirol

Der Pirol ist ein Singvogel, bei dem die Weibchen eher unscheinbar gefärbt sind. Allerdings besticht das Männchen durch sein leuchtendes, goldgelbes Gefieder.

> Wirkst du im Moment eher unscheinbar, aber hast ein so enormes Leuchten in dir, das in die Welt möchte?
> Habe mehr Mut als Angst! Und dann habe Durchhaltevermögen, um deine Vorhaben durchzuziehen!

Platy

Platies sind als Aquarienfische äußerst beliebt und haben sich aus der Gefangenschaft in vielen anderen Ländern außerhalb ihres natürlichen Vorkommens stark verbreitet.

> Wie spielerisch leicht gehst du mit Niederlagen um?
> Es gibt keine Fehler, nur Erfahrungen! Raff dich auf! Weiter geht's!

Polarbär

Siehe unter »E« wie Eisbär.

Pony

Ponies sind deutlich kleiner als Pferde und wesentlich robuster und kräftiger, als viele denken. In England und Irland kommen sie verbreitet noch wild vor. Sie haben sich einen Teil ihres natürlichen Eigensinns bewahrt, sind aber immer zu Späßen und Unsinn aufgelegt und sehr neugierig.

> Kennst du deinen Sinn des Lebens?
> Gehe aktiv los, lebe und erlebe einfach alles! Die Welt ist dein!

Pottwal

Der Pottwal gehört zu den Zahnwalen und ist das größte räuberisch lebende Tier der Welt. Interessanterweise befinden sich aber beim Pottwal Zähne nur im Unterkiefer und werden über 20 cm lang. Im Oberkiefer sind sie im Zahnfleisch versteckt.

> Beiß auf die Zähne! Halte durch! Eine Lösung ist bald in Sicht! Große Wege erfordern großen Mut!

Prachtkäfer

Prachtkäfer sind oft metallisch-bunt von goldfarben über kupfrig bis zu blaugrün und daher auffällig. Ihre Geschichte geht bis ins Trias zurück. Nach der Antike vermehrte er sich ohne sexuellen Kontakt, sind demnach also »Jungfrauen«.

> Uraltes Wissen deiner Ahninnen ist in dir und möchte erkannt werden! Gehe in dich und erinnere dich!
> Bedenke: Jede und jeder hat einen männlichen und einen weiblichen Anteil in sich, welche beide gleichermaßen gelebt und erlebt werden wollen!

Prachtschmerle

In ihrer Heimat sind Prachtschmerlen wohlschmeckende Süßwasserfische und können bis zu 30 cm lang werden. Bei uns werden sie im Aquarium gehalten und erreichen wegen der beengten Verhältnisse fast nie diese Größe. Sie leben in Verbänden und brauchen engen Körperkontakt. Zur Kommunikation ändern sie die Farbe und geben sogar Knackgeräusche von sich.

> Welches Gefühl oder Erlebnis in dir hältst du gefangen, das aber gefühlt und erlebt werden möchte? Etwas in dir kommuniziert über mehrere Kanäle und möchte anerkannt werden!

Primaten

Siehe unter »M« wie Menschenaffen.

Pute

Bei der Pute handelt es sich um die domestizierte Form des Truthahns. Sie gelten als sehr sanft und friedlich. Ihre Lebenserwartung beträgt 10 Jahre – sofern sie vorher nicht verzehrt werden. Sie ernähren sich hauptsächlich von Grünfutter aber auch Schnecken, Insekten, Käfer und Würmer stehen auf ihrem Speiseplan.

> Lebst du deine sanfte und kräftige Seite ganz aus? Die Mischung und die Abwechslung sind entscheidend!

Python

Pythons bewohnen die sogenannte Alte Welt. Da ihre Haut, wie bei allen Schlangen, nicht mitwächst, müssen sie sie von Zeit zu Zeit abwerfen. Ihre Nahrung besteht aus Säugetieren und Vögeln, die sie mit viel Geschick fangen. Die Beutegrösse hängt dabei von der Grösse der Python ab.

> Woran zweifelst du? Hältst du an etwas Vergangenem fest? Das Neue ist doch bereits da! Greife zu! Gib dich dem Neuen vollständig und hingebungsvoll hin!

Q

Quagga

Das Quagga ist eine ausgestorbene Zebra-Form. Es hatte im Vergleich zu anderen Zebraformen weit weniger Streifen an Rumpf und Beinen. Es wurde Ende des 19. Jahrhunderts vom Menschen ausgerottet.

> Ein Thema oder eine Beziehung zu einem Menschen hat sich erfüllt und ist damit vollendet! Die Aufgabe, der Zweck und sein Sinn sind erfüllt. Es gibt kein Zurück und das ist auch gut so.

Qualle

Quallen – auch Medusa – genannt können bis zu 4 m groß und bis zu 150 kg schwer werden. Viele sind durchsichtig und zeigen ihr farbenfrohes Inneres. Sie entwickeln sich in einem komplizierten Zyklus durch Sprossung oder aus sogenannten Polypen, die früher als eigene Art galten, weil sie so wenig Ähnlichkeit mit der fertigen Qualle haben.

> Hast du ein merkwürdiges Gefühl in dir und kannst es nicht zuordnen? Hat es eventuell mit einem früheren Leben zu tun? Altes kommt hoch!

Quappe

Die Quappe ist ein bodenlebender Knochenfisch, der nur sehr selten an die Oberfläche seines Gewässers kommt.

> Was hast du längere Zeit liegen lassen, was jetzt hoch-
> kommt, um angeschaut zu werden?
> Einmal durch, dann hast du es hinter dir!

Quastenflosser

Quastenflosser sind eng mit den Lungenfischen verwandt. Dank der zweiten Rückenflosse können sie präzise ma-növrieren und sehr schnell reagieren.

> Du bestimmst das Tempo in deinem Leben. Spazieren oder rennen? Wie wäre es mit einem Richtungswechsel um 180°? Sei offen für verschiedene Wege und verschiedene Tempi!

Quetzal

Er ist der Nationalvogel von Guatemala, wo er auch der Namensgeber der guatemaltekischen Währung ist. Sein Name kommt von dem aztekischen Wort für kostbar oder schön. Man nennt ihn auch Göttervogel wegen seiner Ver-bindung zum Aztekengott Quetzalcoatl.

> Da liegt etwas Verborgenes noch in Gedanken, wo der Schleier gelüftet werden will! Sobald dein Gefühl dazu ge-klärt ist, aktiviert es ein Feuer in dir!

Quokka

Das australische Kurzschwanzkänguru wird nicht viel größer als eine Hauskatze und gilt wegen seiner Neugierde und seines Dauergrinsens als das fröhlichste Tier der Welt. Wegen ihrer besonderen Gebissform scheinen Quokkas immer zu lächeln.

Bist du gut gelaunt oder nicht? Was ist die Ursache für dein Gefühl? Fühle es ganz genau!
Lächle, und die Welt lächelt zurück. Das ist das Prinzip von Ursache und Wirkung.

Rabe

Raben gelten seit jeher als geheimnisvolle Wesen, die für viele mit dunklen Mächten im Bunde sind. Allerdings war der Rabe bei den Germanen Bote zwischen Himmel und Erde. Auch bei vielen Indianerstämmen Nordamerikas ist er eines der wichtigsten Totemtiere. Sie sind sehr intelligent und benutzen auch Werkzeuge, um beispielsweise an Futter zu kommen. In Gefangenschaft lernen sie sogar sprechen.

> Sei im Vertrauen! Für jedes Problem gibt es gleichzeitig eine Lösung und ein passendes Werkzeug! Es ist Bestimmung! Gott sitzt am Ruder! Du hast immer alles in dir!

Ratte

Ratten sind Nagetiere und wegen ihrer hohen Fruchtbarkeit weltweit verbreitet. Man sagt ihnen nach, Krankheitsüberträger zu sein und betrachtet sie allgemein als Schädling oder benutzt sie für Tierversuche. Dabei sind Ratten wahre Überlebenskünstler und ausgesprochen intelligent. Sie können Katastrophen vorausahnen und sich rechtzeitig in Sicherheit bringen. Sie sind die ewigen blinden Passagiere unserer Geschichte, folgen uns überall hin und werden überall verfolgt.

> Wird dir Unrecht getan? Wirst du falsch eingeschätzt? Gehe in die Tiefe deiner Schattenthemen und löse sie auf!

Raubvogel

Zu den Raubvögeln zählen alle Falkenartigen, Greifvögel und Eulen. Ihnen allen ist gemeinsam, dass sie lebende Beute jagen und schlagen. Hin und wieder kommt es auch vor, dass sie uns buchstäblich unsere Haustiere »stehlen«.

Hast du Angst, etwas zu verlieren? Was bedeutet Verlust für dich? Hast du Angst, alleine zurückzubleiben? Verlassen zu werden? Durchbreche den Kreislauf der Angst, indem du durch die Angst hindurch gehst! Am Ende erwartet dich die Freiheit (dann bist du frei von dieser Angst)!

Raubwanze

Raubwanzen sind ausschließlich als Räuber unterwegs und lauern ihrer Beute entweder auf oder sie fangen sie aktiv. Die »kissing bugs« können auch Menschen stechen und ihnen Blut aussaugen und so die gefürchtete Chagas-Krankheit übertragen.

Du hast immer mindestens zwei Möglichkeiten oder mehr! Mit diesem Glaubenssatz gelingt dir einfach alles und nichts und niemand kann dir etwas wegnehmen!
Da genug für alle da ist, wird niemandem etwas weggenommen. Bist du bereit zu empfangen und anzunehmen?

Raupe

Raupen sind die Larven von Schmetterlingen oder anderen Insekten, befinden sich von der Entwicklung her gesehen in ihrer Fressphase und müssen sich oft häuten, weil ihre Haut nicht mitwächst.

> Bist du aufnahmebereit und in der vollständigen Annahme? Nur dann kann zu dir fließen, was für dich bestimmt ist!

Rebhuhn

Rebhühner sind gedrungener und kleiner als der Fasan und von Weitem gesehen eher langweilig grau. Aber aus der Nähe ist der rötliche Kopf deutlich erkennbar. Sie bewegen sich meistens schreitend, können aber auch sehr schnell rennen. Die Küken verlassen nach ca. 25 Tagen Brut das Nest.

> Wenn dein Leben grau und eintönig erscheint, dann erwecke den Geist in dir!
> Das ultraschnelle Wachstum ist dir vorausbestimmt! Du sorgst für den Start! Leg los! Jetzt!

Regenbogenfisch

»Der Regenbogenfisch« ist ein Bilderbuch des Schweizer Autors Marcus Pfister. Die Geschichte dreht sich um einen Regenbogenfisch, dessen Schuppen nicht nur sehr bunt, sondern einige sogar glänzend sind, was ihn zum schönsten aller Fische macht. Allerdings ist er auch eitel und will nichts von seinem Reichtum verschenken. Dadurch wird er sehr einsam. Erst durch das Teilen seines Schuppenkleides mit anderen Fischen entdeckt er sein wahres Glück.

> Hast du mehr erwartet als bekommen?
> Höre nicht auf zu glänzen! Ein neues Kapitel steht dir bevor!

Regenwurm

Regenwürmer meiden Sonnenlicht sowie Hitze und lieben Feuchtigkeit. Deshalb verziehen sie sich lieber unter die Erde.

> Drückst du dich vor einer Entscheidung? Es gibt mehrere Wege oder Auswege!

Reh

Rehe leben zwar gerne in der Nähe von Menschen, sind aber dennoch ausgesprochen scheu und verstecken sich gerne oder laufen davon, wenn sie Gefahr wittern. Sie stehen für Transformation, weil sie so schnell auftauchen und wieder verschwinden können. Ein Blick in seine Augen vermittelt Sanftmut und Zärtlichkeit.

> Das Reh wünscht dir Mut und Durchhaltevermögen! Trau dich! Zeige dich!

Rennmaus

Rennmäuse leben in Wüsten, Halbwüsten, Steppen und Savannen Afrikas und Asiens und sind bei uns als Haustiere beliebt. Die Hinterbeine sind zum schnelleren Laufen leicht verlängert.

> Befindest du dich (vermeintlich) im Stillstand? Wovor fürchtest du dich?
> Hole dir Unterstützung und lerne, dir zu vertrauen!

Rentier

Das Rentier oder Karibu gehört zur Familie der Hirsche und lebt in Nordamerika und Nordeurasien. Sie leben in Herden von bis zu 100.000 Tieren, die sich gegenseitig unterstützen.

> Wie steht es um die Gesellschaft um dich herum? Wer geht mit dir gemeinsamen deinen Weg?
> Es ist das alte Lied vom Loslassen und neu aufleben lassen ...

Reptil

Allen heute lebenden Reptilien gemeinsam ist die aus Hornschuppen bestehende Körperbedeckung, die regelmäßig abgestoßen wird, weil sie im Verlauf des Wachstums zu eng geworden ist.

> Ein Thema in deinem Leben oder du selbst stehen an einem Übergang zu einer höheren Entwicklungs- und Persönlichkeitsstufe. Bist du bereit fürs »next level«?

Rhinozeros

Siehe unter »N« wie Nashorn.

Riesenkalmar

Der Riesenkalmar gehört zu den zehnarmigen Tintenfischen und ist weltweit verbreitet. In der nordischen Mythologie sprach man von einem riesigen Tintenfisch, der Schiffe urplötzlich in die dunkle Tiefe zog. Tatsächlich leben sie in einer Tiefe von bis zu 1.000 Metern und können über vier Meter lang werden.

> Bist du zufrieden mit deinem Leben und bereit für die Erfüllung eines Wunsches?
> Sei dir sicher: Es gibt mehr: Aber halt anders, als du es dir momentan vorstellen kannst. Auf in neue Abenteuer!

Rind

Rinder sind zum Haustier geworden, um uns mit Milch, Fleisch und Leder zu versorgen sowie für uns zu ackern. Dafür bieten wir ihnen ein Dach überm Kopf, eine Weide und Futter im Winter.

> Beziehst du Liebe über Leistung?
> Dies erzeugt Leistungsdruck und du ziehst nichts Anderes als Mangel an. Überdenke deine Glaubensmuster!

Rindenkäfer

Die Käfer und ihre Larven leben unter der Borke von Nadelbäumen und stellen dort dem Riesenbastkäfer nach – einem Schädling, der vor allem der Fichte grossen Schaden anrichten kann. Zur Bekämpfung des Borkenkäfers wird er in einigen Ländern gezielt gezüchtet.

> Bist du noch an der Oberfläche oder schon in die Tiefe gegangen?
> Lasse deine Mauern einreißen und öffne dein Herz! Zu deinem eigenen Wohle, zu dem deines Gegenübers und um positiv in das Weltkollektiv zu wirken! Stets zum Wohle aller beteiligten Seelen!

Ringelnatter

Ringelnattern leben gerne in der Nähe von Gewässern und ernähren sich überwiegend von Amphibien. Ihren Namen haben sie vom auffälligen Halsring oder aber von ihrer Fähigkeit, sich sehr stark zusammenzuringeln. Wie alle Reptilien müssen sie von Zeit zu Zeit ihre alte Haut abwerfen, weil sie nicht mehr passt.

> Bist du bereit, vollständig anzunehmen? Dich von deinen Impulsen führen zu lassen?
> Das ist die Voraussetzung für den Beginn deines Wandels und deiner Entwicklung!

Ritterfalter

Die Ritterfalter zählen als die farbenprächtigsten, größten und beeindruckendsten Schmetterlinge der Welt.

> Was und wie denkst du über dich? Bist du zufrieden mit
> dir? Im Frieden mit dir selbst?
> Das ist die Voraussetzung dafür, dass du Frieden im Außen
> anziehst! Sei dir deiner Größe bewusst! Übernimm liebevoll
> die Verantwortung für dich, deine Gedanken und deine
> Handlungen!

Robbe

Robben sind in allen Weltmeeren zu finden. Obwohl einige Arten so niedlich aussehen, sind sie alle Raubtiere, die sich an Land eher behäbig fortbewegen, im Wasser aber meisterhafte Schwimmer sind. Aber auch sie haben Feinde wie z. B. die Orcas.

> Wie kommst du voran in deinem Leben? Bist du zufrieden
> und im Frieden mit dir?
> Von jagen und gejagt werden. Vom Opfer, Täter und Retter
> – Prinzip raus und rein in die Liebe!

Rochen

Rochen gehören zu den Knorpelfischen und sind trotz ihrer tellerförmigen Gestalt mit den Haien verwandt. Sie können sich am Boden sehr gut verstecken und mit den Flossen einbuddeln.

> Wie festgefahren oder flexibel bist du in einer Situation, in
> der du herausgefordert wirst?
> Anpassung und situativ reagieren sind der Schlüssel.

Rohrammer

Die Rohrammer lebt das ganze Jahr bei uns. Man sieht sie oft schräg an einem Halm balancieren, wenn sie ihren Gesang vorträgt, der zu der Redensart »schimpfen wie ein Rohrspatz« geführt hat.

> Sind deine Gedanken und Gefühle im Einklang miteinander? Lebst und erlebst du beide Seiten in Balance?
> Das ist der Schlüssel für ein erfülltes und harmonisches Leben!

Rosenkäfer

Seine Oberseite glänzt smaragdgrün, violett, blau, gold- oder bronzefarben, er ist also eine echte Schönheit. Der Goldglänzende Rosenkäfer ist hierzulande geschützt.

> Dein Vorhaben wird vollständig gelingen! Rosige Zeiten stehen dir bevor!

Rossameise

Die Rossameise ist die größte unserer Ameisen und lebt in Wäldern, wo sie ihre Nester in ausgehöhlte, morsche Stämme bauen mit einem großen unterirdischen Teil. Im späten Frühjahr schwärmen geflügelte Ameisen aus, um sich einen neuen Bau zu suchen.

> Fühlst du dich in eine Rolle gezwängt? Hält jemand oder etwas dich klein, obwohl du so gerne fliegen würdest?
> Setze dich mit deinem Unterbewusstsein auseinander, denn du ziehst an, was du ausstrahlst. Demnach will irgendetwas in dir genau diesen Weg gehen und diese Rolle spielen. Gib dich hin – und Schwups bist du im Flow und weiter geht es!

Rotbarsch

Der Rotbarsch – wegen seiner rotgold schimmernden Farbe auch Goldbarsch genannt – ist ein Tiefseefisch des nördlichen Atlantik. Er ist ein sehr beliebter Speisefisch, gilt allerdings als bedroht, da er bis zu 70 Jahre alt werden kann und deshalb erst mit etwa 13 Jahren geschlechtsreif wird.

> Deine Liebe ist rar und kostbar! Sei dir dessen bewusst und du ziehst wertschätzende Liebe an!
> Ehrlich gelebte Selbstliebe ist die Voraussetzung für eine gefühlvolle und lustvolle Liebesbeziehung mit einem Gegenüber!

Rote Waldameise

Die Roten Waldameisen bilden einen Staat, der aus Fichtennadeln, Erde und Pflanzenteilen besteht und bis zu einem Meter hoch sein kann. Bei Angriffen sticht sie zwar nicht, kann aber schmerzhaft zubeißen.

> Weißt du dich zu wehren? Es gibt immer mehrere Möglichkeiten! Finde deinen Weg!

Rothirsch

Der Rothirsch beeindruckt durch sein ausladendes Geweih und seine lauten Brunftrufe im Herbst. Das Geweih ist dabei nicht nur Zierde, sondern auch Waffe. Er verteidigt seine Damen und seine Nachkommen äußerst energisch gegen Eindringlinge und Konkurrenten. In der Jägersprache wird der Rothirsch auch Edelhirsch genannt.

> Erwecke Edelmut und Leidenschaft in dir! Das ist eine dringliche Aufforderung!
> Lebst und erlebst du deinen inneren Mann, deine innere Frau, dein inneres Kind?

Rothuhn

Ausnahmsweise kommen beim Rothuhn Hahn und Henne gleich schick und bunt daher. Von Grau über Braun, Weiß, Schwarz bis zu rotbraunen Schwanzfedern und rotem Schnabel ist fast alles vertreten. Ein echter Hingucker.

> Willst du mehr Abwechslung in deinem Leben? Hast du Langeweile satt?
> Höre auf, irgendwelchen Idealen nachzuhetzen, sondern finde deine eigene Persönlichkeit und Lebensaufgabe!

Rotkehlchen

Rotkehlchen sind relativ zutraulich und zumindest im Winter an allen Futterstellen zu finden. Ein echter Sympathieträger. Männchen und Weibchen unterscheiden sich vom Gefieder her nicht und auch sie singt so hingebungsvoll wie er.

Sind deine eigenen weiblichen und männlichen Anteile in Ausgleich und Harmonie?
Nähre und ehre beide Seiten gleichermaßen. Liebe auf Augenhöhe!

Rüsselkäfer

Rüsselkäfer sind wichtig geworden als Bestäuber der Ölpalme, die in Malaysia bis in die 80er Jahre von Hand bestäubt werden mussten. Zu ihnen gehören auch die Borkenkäfer, die hierzulande große Schäden in unseren Nadelwäldern anrichten und auch in Gärten eine Gefahr darstellen können.

Da gibt es nichts mehr zu forschen oder zu erfahren! Man lernt nie aus!
Was ist deine ganz persönliche Wahrheit? Stück für Stück geht es voran.

S

Säbel-Dornschrecke

Sie werden ohne Dorn bis zu 12 mm lang. Der Fortsatz des Dorns ist säbelförmig und nach oben gebogen, woher sie auch ihren deutschen Namen hat. Sie gibt keine Laute von sich, kann aber visuelle Signale senden.

> Sagst du immer, was du möchtest und was nicht? Trägst du deine Gefühle und Worte klar nach außen?
> Gibt es ein Thema oder eine Last, das / die du gerne an jemanden zurückgeben möchtest?
> Sei dir bewusst, dass du auch nonverbale Signale sendest und empfängst!

Schabe

Siehe unter »K« wie Kakerlake.

Säugetier

Zu den besonderen Merkmalen der Säugetiere gehört, dass die Weibchen ihren Nachwuchs beschützen und mit Milch versorgen, bis er sich selbst ernähren kann.

> Wer oder was ist die Unterstützung in deinem Leben? Wer ist für dich und mit dir da, wenn du am Boden bist? Wer hilft dir auf und in deine Größe?

Schaf

Schafe werden schon seit langer Zeit als Lieferanten für Wolle und Fleisch gehalten. Da die domestizierten Rassen ihre Wolle nicht mehr selbst abwerfen können, werden sie im Frühsommer geschoren und sehen dann mit einem Mal sehr »nackt« aus. Das sprichwörtliche »schwarze Schaf« ist anders als die anderen, wird aber – anders als bei den Menschen – von ihren Artgenossen nicht ausgegrenzt.

> Hab keine falsche Scham! Du hast nichts zu verlieren! Lebe, erlebe dich und sei im »SEIN«!

Schildkröte

Ihre Form verkörpert Millionen von Jahren und sie selbst können sehr alt werden. Wasserschildkröten nehmen große Gefahren und Mühsal auf sich und schwimmen Hunderte von Kilometern, um an ihren eigenen Geburtsstrand zurückzukehren und dort ihre Eier abzulegen. Kümmern tun sie sich allerdings dann weiter nicht darum.

> Hast du eine dir auferlegte Aufgabe, aber bist dir dessen gar nicht bewusst?
> Wache auf! Nimm an! Das Leben ist wundervoll! Trage deinen wertvollen Beitrag zur Gesellschaft bei!

Schimpanse

Schimpansen gehören zu den Menschenaffen und stehen uns Menschen wohl am nächsten. Der Mensch hat sich im Laufe seiner Entwicklung vom Schimpansen abgekoppelt und in eine andere Richtung entwickelt.

> Machst du jetzt den nächsten ultimativen Schritt oder lässt du dich ablenken?
> Reiß dich zusammen! Was willst du wirklich?

Schlafendes Tier

Es gibt kaum ein Tier, das nicht schlafen muss, um sich zu regenerieren. Dabei brauchen unterschiedliche Tiere sehr unterschiedlich lange Schlafphasen. Manche verschlafen sogar den Winter, nachdem sie sich eine Fettschicht zugelegt und Vorräte angelegt haben.

> Wie steht es um deine persönlichen Erholungs- und Verarbeitungsphasen? Ist eine Ruhephase angesagt? Nach jeder Anspannungsphase sollte eine ebenso lange Entspannungsphase folgen!

Schlange

Die Schlange riecht mit der Zunge, hört mit ihrer Haut und erkennt ihre Beute durch ein wärmeempfindliches Infrarot-Radar. Sie sieht durch Augen ohne Lider und blinzelt nie. Wenn sie wächst, muss sie ihre Haut abwerfen. Einige – wie die Große Anakonda – können bis zu neun Meter lang werden.

> Kannst du Farben hören, Töne riechen? Arbeite an deiner Flexibilität und wirf Altes weg, wenn es dich einengt. Wird eine Situation oder ein Thema unnötig in die Länge gezogen? Stelle dich allen Blockaden! Schmerz und Heilung geschehen!

Schmeißfliege

Schmeißfliegen sind lästig, wenn sie im Haushalt nach Nahrung suchen, in Schwärmen auf Verdorbenem sitzen, um dort ihre Eier abzulegen und immerzu um unsere Nase herum schwirren. Sie können Krankheiten übertragen.

> Da ist jemand in deinem Umfeld, der dir Schaden zufügt und es nicht gut meint mit dir!
> Wer könnte das sein? Wer sorgt für Ärger in deinem Leben und verdirbt dir eine Sache?
> Setze dich mit deinen Spuren auseinander, die du in der Welt hinterlässt! Achtsamkeit ist der Schlüssel zum Glück!

Schmetterling

Er durchläuft mehrere Stadien von der Larve über den Kokon, bis er schließlich seine endgültige Form erhält. Ein Leben als fertiger Schmetterling ist allerdings sehr kurz und dient meist nur der Fortpflanzung. Die Menschen der Antike sahen Schmetterlinge als Sinnbild der Wiedergeburt und hielten sie für die Seelen der Toten.

> Die Botschaft der Schmetterlinge erzählt vom Sterben und Werden. Etwas in dir ist vollständig gelöst. Jetzt darf neu geboren werden.
> Bist du bereit für die Höhen in deinem Leben?

Schmetterlingsmücke/Schmetterlingsfliege

Schmetterlingsmücken haben nichts mit Schmetterlingen zu tun, sondern gehören zu den Mücken. Die meisten saugen Pflanzensäfte oder Nektar, einige aber stechen auch Frösche und saugen deren Blut. Die Sandmücke gilt als ein gefährlicher Krankheitsüberträger.

> Wovon bist du abhängig?
> Unterscheide zwischen »was brauchst du wirklich« und »was wurde mir auferlegt, dass ich es brauche und ohne nicht sein kann«?
> Befreie dich! Das kann niemand für dich, sondern du selbst sollst dich befreien!

Schnecke

Schnecken sind in der Lage, ihr Häuschen mit Kalkproduktion selbst zu reparieren. Sie sind naturgemäß äußerst langsam unterwegs, kommen aber erfahrungsgemäß (fast) immer an ihrem Ziel an. Die spiralförmigen Windungen ihres Hauses verbindet die Schnecke mit dem Zyklus von Wiedergeburt und Evolution. Der mexikanische Mondgott wurde in einem Schneckenhaus eingeschlossen dargestellt.

> Steckst du inmitten eines Heilungsprozesses?
> Du wirst mit genug Durchhaltevermögen schon bald einen Entwicklungsschritt und ein neues Level erreichen!

Schneeeule

Sie galt lange Zeit als die einzige Art ihrer Gattung, gehört aber zu den Uhus und steht auf der Roten Liste. Charakteristisch ist der lautlose Flug. Schneeeulen leben einzelgän-

gerisch in Gebieten oberhalb der Waldgrenze und überwintern in der arktischen Tundra.

> Vermisst du etwas oder jemanden? Fühlst du dich einsam
> und isoliert? Sei allein mit dir! In der Stille findest du alle
> Antworten. Etwas ist unterwegs zu dir und bringt dir Klar-
> heit und reine Liebe.

Schneehase

Ihr Lebensraum sind Tundragebiete, Wälder und Moore.
Sie verbringen den Tag in einer Grube im Schnee oder
im Erdboden. Anders als die meisten anderen Hasen leben
sie oft gesellig.

> Du brauchst nichts und niemanden, um anzukommen und
> glücklich zu sein. Du bist alles, was du brauchst. Setze auf
> dich! Vertraue dir! Liebst du dich?

Schnegel

Schnegel gehören zu den Nacktschnecken. Sie ernähren
sich von Aas und abgestorbenen Pflanzenresten und sind
so unentbehrlich für den natürlichen Kreislauf von Werden
und Entstehen. Bei uns kann ihr Anblick Ekel auslösen, dabei sind es faszinierende Tiere.

> Wie ist es um deinen Energiehaushalt bestellt? Nimmst du
> genauso viel Energie auf, wie du abgibst? Frisst du die The-
> men anderer in dich hinein, statt dich von Fremdenergien
> zu reinigen?

Schuppenameisen

Sie haben ihren Namen von dem schuppenförmigen Stielchenglied. Sie züchten gezielt Blattläuse, gehen Symbiosen mit Wurzelläusen ein und halten Sklavenameisen. Sie leben zu Tausenden in großen Bauten, wo jede von ihnen ihre eigene Aufgabe erfüllt.

> Fühlst du dich von außen, von der Gesellschaft und den Konventionen eingeengt? Nimm deinen Platz in der Familie und in der Gesellschaft ein und komm so in den Flow!

Schuppenkriechtier

Schuppenkriechtiere gehören zu den Reptilien und leben auf fast allen Kontinenten. Ihnen allen ist gemeinsam, dass sie Schuppen entwickelt haben, die sehr fein sein können, aber auch Dornen oder Höcker haben oder sogar einen durchgehenden Schutzpanzer bilden.

> Wovor hast du Angst? Angstfrei werden bedeutet, durch die Angst hindurch zu gehen! Dahinter liegt Freiheit!

Schwalbe

Die Schwalbe gehört zu den Zugvögeln, die uns im Herbst verlassen, um den Winter in wärmeren Gefilden zu verbringen, um dann im Frühling zurückkehren. Sie kann Wetterveränderungen und andere Umweltereignisse deutlich spüren und ihr Verhalten danach ändern.

> Lässt du deine Sensibilität zu? Wie empfangsbereit bis du und bist du in der Annahme? Nimm deine Sensibilität an und großes Glück kommt auf dich zu!

Schwan

Schwäne suchen sich ihre Partner aus und bleiben sich ein Leben lang treu. Wenn die Jungen schlüpfen, sind sie anfangs eher unscheinbar grau und zerzaust, bis sie sich nach der ersten Mauser in Schönheiten verwandeln.

Schätzt und ehrst du dich als Schönheit und die Schönheit in deinem Leben? Aus dem Widerstand hinein in die Annahme – das ist die Aufgabe!

Schwarze Heidelibelle

Sie gehört zu den Segellibellen. Die Tiere sitzen häufig an sonnenexponierten Stellen auf Steinen, Holzstücken oder einfach auf dem Boden und sonnen sich.

Wo dein Fokus ist, da fließt deine Energie hin!
Was ist deine Energiequelle? Womit tankst du auf? Wie oft? Wo? Wann?
Bist du in Balance und angereichert mit lichtvoller Energie? Nimm dich so an, wie du bist. Vollständige Selbstannahme, Innenschau und Entwicklung sind angesagt.

Schwarzer Panther

Siehe unter »P« wie Panther.

Schwein

Das Schwein ist seit langer Zeit, als gezähmtes Hausschwein, unser Begleiter. Es hat in vielen Kulturen seine ganz besondere Bedeutung als Symbol für Glück, Reichtum, Fruchtbarkeit, Fürsorge und auch als Verkünder von Partnerschaft und Liebe.

Bist du dir selbst treu? Welche Schritte stehen als Nächstes an? Eine Entscheidung steht an (Das bedeutet das Ende der Geschiedenheit und Getrenntheit)!

Schwertfisch

Der große Knochenfisch lebt im offenen Ozean in warmen Meeren mit über 13°C. Sie können sehr schnell und ausdauernd schwimmen und wandern gerne und ausdauernd. Allerdings können sie nicht bremsen, was hin und wieder zu Kollisionen mit Schiffen führt.

Wer oder was gibt dir Lebensenergie? Wer oder was tut dir gut?
Hast du dich angepasst, oder lebst und erlebst du deine Gefühle authentisch?

Schwertwal

Siehe unter »O« wie Orca.

Seeanemone

Seeanemonen besitzen kein Skelett und bilden keine Kolonien, sondern sitzen einzeln und können sich sogar langsam fortbewegen. Auf den ersten Blick sehen sie aus wie eine Pflanze, gehören jedoch zu den Blumentieren.

> Wo steckst du in der Unklarheit? Nur du weißt die Antwort! Kein anderer!

Seegurke

Sie ist eng mit den Seesternen und Seeigeln verwandt. Seegurken besitzen kein Gehirn und auch kein komplexes Nervensystem.

> Was fühlst du und was denkst du? Ist es in Einklang und Harmonie?
> Kannst du noch klar denken und mit reinem Herzen lieben? Falls nicht, dann tausche in einer Meditation den Platz von deinem Gehirn und deinem Herzen aus. So fühlst du mit deinem Kopf und denkst mit deinem Herzen.

Seehund

Er ist am häufigsten an der Nordseeküste anzutreffen. Er ist ein ausgezeichneter Schwimmer und ernährt sich von Fischen. An Land kommen Seehunde oft zu kleinen Gruppen zusammen, mögen jedoch keine Berührung von Artgenossen und halten deshalb eher Abstand. In vielen Mythen gelten sie als Meerjungfrauen und Wassermänner, die dem Meer entsteigen und menschliche Gestalt annehmen können.

> Zu wem oder was fühlst du dich zugehörig, was aber nicht zu dir gehört? Denke darüber nach und frage nach dem Weg. Was genau ist der Grund, die Ursache dafür?

Seeigel

Seeigel gehören zu den Stachelhäutern, deren Stiche sehr schmerzhaft sein können. Ihr Skelett mit den Stacheln schützt einen verletzlichen weichen Kern.

> Hast du den Durchblick? Ein weicher Kern ist wundervoll! Berühre andere Lebewesen mit deinem ehrlichen Inneren und du wirst reich beschenkt!

Seestern

Seesterne sind Stachelhäuter. Meist haben sie fünf Arme mit kleinen Füßchen an der Unterseite zur Fortbewegung. Auf den ersten Blick sehen sie aus wie bizarre Pflanzen oder Steine.

> Glück und Enttäuschung stehen nahe beieinander! Das Ende einer Täuschung braucht es, um neues Vorangehen möglich zu machen. Es gibt nie nur eine, sondern viele Möglichkeiten. IMMER!

Seeteufel

Der Name sagt es schon: Er sieht wirklich furchterregend und wenig attraktiv aus. Dabei ist sein Kopf fast halb so lang wie der ganze Körper und hat im Maul mehrere Reihen spitzer Zähne. Der Seeteufel wird auch Zwiebel des Meeres genannt, da er sieben Hautschichten trägt, die ihn vor Kälte schützen. So kann er in Tiefen von bis zu 1.000 Metern leben.

> Wie tief sind deine Gefühle? Wen oder was lässt du daran teilhaben? Wirkst du abschreckend, oder hast du dein Herz weit offen?
> Wahre Liebe liebt bedingungslos, ohne Abhängigkeiten vom Gegenüber. Bis dahin ist es ein tiefgreifender Prozess, der in allen Facetten gelebt und erlebt werden möchte.

Seezunge

Seezungen gehören zu den Plattfischen und erinnern an ein Wesen aus einer anderen Welt. Beide Augen liegen auf der rechten Seite, sodass sie flach am Boden liegen und sich am Meeresgrund sehr gut tarnen können.

> Was ist Schein und was Sein? Blicke hinter die Illusion deines Gegenübers, indem du sein Herz betrachtest.
> Lüge und Wahrheit liegen stets nebeneinander. Es liegt an dir, worauf du deinen Blick und deinen Fokus richtest!

Siebenschläfer

Der Siebenschläfer gleicht ein wenig dem Eichhörnchen, ist aber etwas kleiner. Er ist nachtaktiv und hält einen ausgiebigen Winterschlaf von sieben Monaten, woher er auch seinen Namen hat.

> Was in dir hältst du (noch) zurück? Schaue genau hin und erkenne dies in allem, was um dich herum ist!

Silberfischchen

Silberfische gehören zu den Urinsekten und sind flügellose, lichtscheue Gesellen. Wo es feucht ist, sind auch sie zu finden. Sobald aber das Licht eingeschaltet wird, verschwinden sie sofort.

> Willst du dich davonstehlen? Wovor fürchtest du dich? Vor großen Gefühlen? Genau darum geht es aber!

Silbermöwe

Die Silbermöwe brütet an Küsten an Plätzen, die vor Feinden sicher sind, also an felsigen Steilküsten. Als Opportunist nimmt sie jede Gelegenheit wahr, an Futter zu kommen und folgt dazu auch dem Menschen – sei es, dass sie Fischerboote umkreist oder Mülldeponien durchsucht.

> Bist du bereit, neue Gedanken, neue Themen, neue Lebensgewohnheiten, neue Wahrheiten, einfach Neues zuzulassen? Annehmen und Akzeptieren, das ist jetzt der Plan.

Singdrossel

Ihr Name steht für ihren schönen Gesang. Von hinten gesehen wirkt die Singdrossel eher langweilig braun, dreht sie sich aber um: Überraschung. Ein kompliziertes Muster aus beigen, gelblichen, weißen und schwarzbraunen Farben überzieht Hals und Bauch.

> Bist du bereit für eine neue Seite in dir?

Singvogel

Singvögel singen von Früh bis Spät, um ihr Revier zu verteidigen oder Weibchen anzulocken. In der Nacht jedoch bleiben sie still.

> Es geht um Training und Vernetzung! Nach jeder Anspannungsphase braucht es eine mindestens genauso lange Entspannungsphase. Was darf aufgebaut werden?

Skarabäus

Der Skarabäus – auch Pillendreher genannt – verkörpert den ägyptischen Gott Khepri, der die Sonne aus der Dunkelheit der Unterwelt über den Himmel treibt. Hunderttausende von Amuletten wurden aus Glas, Metall und Edelsteinen gefertigt, um den Lebenden, die sie trugen, Kraft zu verleihen.

> Achte auf die kleinen leuchtenden Zeichen! Deine Ahninnen und Ahnen begleiten dich. Bitte sie um Unterstützung und du wirst großes Glück erfahren!

Skorpion

Skorpione gehören zu den Spinnentieren und kommen, außer in der Antarktis, überall vor. Ihre auffälligste Verteidigung ist der Giftstachel, der auch für Menschen gefährlich werden kann und dessen Gift äußerst schmerzhaft wirkt. Die Skorpiongöttin Selket, Wächterin an der Schwelle, war mit einem Stachel des Todes ausgestattet, aber auch mit dem Gegengift. Heute weiß man, dass der Giftstoff auch heilende Eigenschaften hat.

> Es geht jetzt darum, Gefühle bewusst wahrzunehmen! Das stärkt deine Psyche und deine körperliche Gesundheit! Sprichst du offen und ehrlich über dich, deine Gefühle und Erlebnisse? Das darfst und sollst du!

Smaragdlibelle

Sie lebt in den Bergen, meist in Mooren in über 1.000 Metern Höhe und schimmert metallisch smaragdgrün. Sie entwickelt sich von der Larve zum fertigen »Imago« und ist deshalb auf Gewässer angewiesen.

> Du kannst einfach alles, wenn du willst! Lasse dir von niemandem einreden, dass etwas nicht möglich ist, obwohl du es dir bereits bildlich vorstellen kannst!
> Bist du bereit für das nächste Level? Den nächsten Schritt? Du hast und kannst alles, was du benötigst! Los geht's!

Spatz

Die kleinen graubraunen Singvögel ernähren sich von fast allem, was die Natur – und auch der Mensch – so hergibt. Sie sind klassische Kulturfolger, die auch schon mal mit am Tisch sitzen und auf Essensreste warten.

> Wem schließt du dich an? Mit wem gehst du mit? Welcher Seite schließt du dich an? Oder ist beides gemeinsam verbindbar? Du hast den Sieg! Es ist bald geschafft! Unterstützung ist da!

Specht

Er klopft unüberhörbar Bäume nach etwas zu Fressen ab. Spechte sind meist auch unübersehbar bunt. Das einzige, was sie zum Überleben brauchen, sind Wälder mit morschem Holz, unter deren Rinde sie Insekten finden. Sie können bis zu 20 Mal pro Sekunde hämmern.

> Du erhältst mehrfache Unterstützung in einer Angelegenheit, die dich seit Längerem beschäftigt! Gehe in die Dankbarkeit und nimm an!

Sperber

Er ist etwas kleiner als der Falke und lebt von Heuschrecken, Mäusen und anderen Vögeln. Sie sind eigentlich an den Wald gebunden, werden aber seit einiger Zeit auch in städtischen Grünanlagen beobachtet. Nachdem er bei uns durch Insektizide stark dezimiert wurde, wanderte er kurzzeitig auch bis nach Afrika aus, kommt jedoch allmählich wieder zurück.

> Wird es Zeit, deine Heimat neu zu definieren? Deine Zelte woanders aufzuschlagen?
> Der Ruf des »Neuen« wird immer lauter! Stabilität wird sein!

Sperling

Sperlinge leben gerne in der Nähe von Menschen. Untereinander sind sie monogam und leben in größeren Kolonien mit einer ausgeprägten Hierarchie und lautem Mitteilungsbedürfnis.

In der Gemeinschaft liegt die Antwort! Mache dich hörbar! Harmonie liegt in der Luft! Nimmst du deinen Platz in der Gesellschaft ein? Du wirst gebraucht!

Spinne

Sie sitzen seit 300 Millionen Jahren in der Mitte ihres Netzes und lauern. Am seidenen Faden, baumeln die Trapezkünstler, um sich von Ort zu Ort zu hangeln, oder umwickeln damit ihre Beute und hüllen ihre Brut ein. In allen alten Kulturen galt die Spinne als weise und Ratgeberin auserwählter Menschen. Trotzdem haben viele Menschen Angst von ihnen, offenbar eine Art Urangst, obwohl zumindest die Arten, die bei uns vorkommen, überhaupt nicht gefährlich sind.

Wenn es dir Angst macht, könnte es einen Versuch wert sein! Ein weiblicher Urschmerz möchte geheilt werden! Bitte deine Ahninnen um Unterstützung und sie werden dir helfen!

Spitzbauchwanze

Spitzbauchwanzen gibt es in Deutschland überall dort, wo es feucht ist. Ihre Nahrung besteht aus den Larven von Schmetterlingen, Hautflüglern, Käfern, Blattläusen und größeren Raupen. Ihre Nymphen dagegen ernähren sich vegetarisch von Pflanzensäften, bevor auch sie sich räuberisch ernähren.

> Bist du bereit für die Vielfalt in deinem Leben?
> Da gibt es noch so viel mehr zu entdecken, als du dir erdenken kannst! Überall sind kleine und große Zeichen! Folge ihnen und du bist geführt!

Spitzmaus

Spitzmäuse sind Insektenfresser, sind also eigentlich überhaupt keine Mäuse. Sie werden meistens nur sechs bis zehn Zentimeter lang. Spitzmäuse kommen fast überall zurecht, ob im Wasser oder an Land und können sogar Schwimmhäute entwickeln.

> Du unterschätzt etwas oder schätzt es sogar falsch ein. Jedoch sind kleine Schritte besser als gar keine.

Spitzmausrüssler

Sie werden nur ca. drei Millimeter groß und kommen in Mittel- und Südeuropa, aber auch nördlich des Polarkreises vor. Je nach Orientierung beschränken sie sich ausschließlich auf die Pflanze, von der sie ihren Namen haben. Beispielsweise befällt der Rotklee-Spitzmausrüssler nur Kleepflanzen.

> Bringe Dualität und Dreifaltigkeit (Körper, Geist und Seele) in Einklang. Beides ist möglich, gleichzeitig und immer! Wie kannst du deinen Alltag gestalten, dass du deine Pflichten wahrnehmen und gleichzeitig deiner Berufung nachgehen kannst? Balance und eine klare und ehrliche Kommunikation sind das A und O!

Spötter

Spötter gehören zu den Grasmücken. Der kleine Singvogel ist perfekt im Nachahmen anderer Vögel und hieß deswegen früher auch Spottvogel.

> Was tust du, um gehört zu werden?
> Da ist eine leise, sanfte, hoffnungsvolle Stimme in dir, die neue Wege aufzeigen möchte!

Stabheuschrecke

Ihr Körper sieht tatsächlich aus wie ein Stab, weswegen sie sich perfekt als dünnen Ast tarnen und stundenlang völlig starr ausharren können. Zur Fortpflanzung haben einige Arten die Jungfernzeugung gewählt, um sich die Mühe einer Partnersuche zu ersparen.

> Hast du Mühe, Liebe anzunehmen? Wie wäre es mit mehr Beweglichkeit und mehr Leichtigkeit?

Stachelrochen

So graziös sie auch herum schwimmen und so harmlos sie auch aussehen: Stachelrochen können mit ihrem giftigen Stachel, der am Ende ihres langen Schwanzes sitzt, tiefe Wunden reißen.

> Bist du bei dir? Lässt du dich zu schnell ablenken? Halte deinen Fokus!
> Ziehe Konsequenzen aus gemachten Erfahrungen und löse Konflikte und Probleme. Vorsicht ist besser als Nachsicht.

Stadttaube/Straßentaube

Die Stadttaube stammt wohl von verwilderten Haustauben oder Brieftauben ab und hat es sich in unseren Städten gemütlich gemacht, weil sie dort das ganze Jahr hindurch Unterschlupf und genug Nahrung findet und manchmal das ganze Jahr über brütet. Die abfällige Bezeichnung »Ratten der Lüfte« zeugt nicht gerade von großer Sympathie, da sie lästig werden und auf Dauer sogar Gebäude zerstören können.

> Wirst du von deinem Gegenüber und von außen gewürdigt und geschätzt? Ist das, was dir entgegengebracht wird, aus dem Mangeldenken oder aus Liebe heraus? Wäge ab und schlage neue Wege ein oder bestehe auf deinen Platz!

Star

Stare kommen ursprünglich aus Afrika und Eurasien, haben sich aber inzwischen auf der ganzen Welt verbreitet. Sie sind oft in großen Schwärmen zu beobachten, die sich im Herbst zu wärmeren Gefilden aufmachen.

> Gehörst du dorthin und dazu, wo du gerade bist? Zieht es dich an einen anderen oder sogar an einen neuen Ort? Gehe den Zeichen nach!

Steinadler

Hoch in den Lüften schwebt er und sucht nach Beute, stürzt nieder und packt sie mit sicherem Griff.

> Bist du auf der Suche nach Erdung? Halte Ausschau! Es ist zum Greifen nah! Größer und wertvoller als du denkst!

Steinbock

Dem Steinbock ist kein Weg zu steil, um dort anzukommen, wohin er will. Er ist zwar nicht besonders schnell, aber sehr ausdauernd.

> Der Steinbock ist Botschafter der Themen: Albtraum, Tagträumerei und Wunschdenken! Wie kamen deine Visionen ins Hier und Jetzt? Gehe in die Annahme und aus deinem inneren Widerstand heraus! Große Visionen möchten Realität werden!

Steinwälzer

Der seltene kleine Schnepfenvogel hat eine ganz eigene Form der Nahrungssuche entwickelt: Er dreht am Strand Steine und Muscheln um.

> Was ist deine ganz eigene Taktik fürs Leben? Wie kommst du durch?
> Je mehr du im Leben ausprobierst, desto mehr kannst du dich entwickeln und deine wahren Talente ausleben!

Steppenweihe

Der kleine Greifvogel ist selten geworden und kommt heute fast nur noch in Russland vor, verbringt den Winter aber weiter südlich. Zum Jagen schwebt sie gaukelnd in der Luft und packt dann schnell zu.

> Hattest du einen wertvollen Blitzgedanken? Bist du ihm nachgegangen?
> Da liegt ein Funke in dir, der zum Glühen gebracht werden möchte! Sehen und gesehen werden, das ist hier der versteckte Hinweis!

Steppenwolf

Siehe unter »K« wie Kojote.

Sterntaucher

Auffällig ist beim Sterntaucher der rostrote Vorderhals. Zum Jagen fliegt er weit vom Nest weg zu größeren Seen, Flüssen oder zum Meer und taucht dort ab, um Fische oder Frösche zu fangen.

> Wie leistungsorientiert denkst und handelst du? Wem möchtest du damit gefallen? Bist das noch du? Oder bist du nur noch angepasst?
> Besinne dich auf deine Persönlichkeit und deine Talente – beides sind angeborene Fähigkeiten!

Stieglitz

Siehe unter »D« wie Distelfink.

Stier

Kraft und Energie sind seine herausragenden Eigenschaften. Der spanische Kampfstier steht mit den Hufen scharrend da und erwartet den Angriff oder greift selbst an. Als Helfer der Bauern arbeitete er unermüdlich und wurde auch in Minen oder an Wasserpumpen eingesetzt.

> Komm zur Ruhe. Erde dich und fahre deine Aktivitäten herunter. Es ist eine Entspannungsphase angesagt, damit du wieder voll durchstarten kannst!

Stinkwanze

Stinkwanzen sind im Sommer grün und werden zum Winter hin graubraun bis braunrot. Sie sind zwar harmlos, sondern aber bei Gefahr ein stinkendes Sekret ab, das nur schwer wieder zu entfernen ist.

War da jemand übergriffig? Hat dich jemand bedrängt? Etwa ein ungutes Gefühl hinterlassen?
Höre auf dein Bauchgefühl! Gehe dem nach und setze dich für dich ein!

Stockente

Die Stockente ist die größte und häufigste Entenart bei uns. Früher hieß sie auch Märzente. die Männchen fallen wegen ihres grünmetallischen Kopfes, des gelben Schnabels und des weißen Halsrings auf. Die Weibchen sind eher unscheinbar hellbraun mit orangefarbenem Schnabel.

Deine männliche und deine weibliche Seite möchten wahrgenommen werden und deren Lebensaufgaben gelebt und erlebt werden!
Welchen Sinn hat das Gefühl, dass du es wahrgenommen hast?

Stör

Störe sind sehr urtümliche Knochenfische des Meeres, die zum Laichen in Süßgewässer aufsteigen. Fast alle Arten sind wegen der Kaviar-Gewinnung stark gefährdet.

Welches Urthema in dir möchte von einer neuen Seite betrachtet werden?
Deine Ansichten dürfen gewechselt und verändert werden!

Storch

Störche sind eigentlich in warmen Gefilden zu Hause und kommen nur zum Brüten zu uns. Sie bleiben ihrem einmal gewählten Partner ein Leben lang treu.

Die Liebe ist alles! Es geht um Vereinigung von Vergangenheit, Jetzt und Zukunft! Alles ist jetzt: gleichzeitig.

Streifenhörnchen

Die kleinen Nagetiere bauen lange Tunnelsysteme, die sie äußerst sauber halten und sogar Abfalltunnel beinhalten, allerdings eher als Einzelgänger. Nur zur Paarung finden sich Männchen und Weibchen kurz zusammen.

Wie steht es um die Interaktion in deinem Leben? Hast du einen guten Austausch, oder darfst du daran arbeiten?

Tafelente

Sie heißt so, weil sie gut schmeckt. Aber ist das alles? In der Balzzeit werden die Weibchen oft von mehreren Männchen beworben. Im Sommer leben sie auf Seen und Fischteichen, im Winter ziehen sie sich gerne auf Fließgewässer zurück und werden auch schon mal im Hamburger Hafen gesehen.

> Wie gehst du mit Konflikten in dir um? Bist du bockig? Rennst du von dir selbst weg oder stellst du dich ihnen lösungsorientiert?
> Annahme ist der erste Schritt, dann reflektiere darüber. Die Lösung kommt immer mit dem Problem dazu.

Taigazilpzalp

Fachleute streiten sich, ob der Taigazilpzalp eine eigene Art ist oder nicht. Ursprünglich gehört er nach Sibirien, kommt aber als sogenannter Irrgast auch bei uns vor.

> Verwechselst du etwas? Machst du ein Durcheinander? Komme zur Ruhe und erschaffe dir eine Basis, von wo aus du Klarheit schaffen und dann weitergehen kannst!

Tannenhäher

Er ist der nicht ganz so bekannte Verwandte des Eichelhähers und lebt gerne in Nadelwäldern. Wegen seines gepunkteten Gefieders könnte man ihn auf den ersten Blick mit dem Star verwechseln, er gehört aber zu den Rabenvögeln. Er legt für den Winter Tausende von Verstecken an und findet die meisten davon sogar wieder.

> Wie wichtig bist du dir selbst? Nimmst du deine eigenen Bedürfnisse wahr?
> Je mehr du dir selber hilfst, desto mehr hilfst du genau damit anderen. Du bist wichtig für andere, deshalb kümmere dich gut um dich!

Tanzmücke

Die filigranen Wesen, die auch Zuckmücken genannt werden, verdanken diesen Namen der Tatsache, dass sie auch in Ruhe beständig mit den Vorderbeinen zucken. Sie gelten als Wetterfeen, weil sie ihre Flughöhe dem Luftdruck anpassen und sogar thermische Aufwinde nutzen können.

> Hast du dich von etwas oder jemandem einschüchtern lassen?
> Du bist schon so weit gekommen! Gib jetzt nicht auf!
> Nimm deinen Platz wieder ein und lasse deinen Gefühlen freien Lauf!

Tapir

Tapire gibt es schon seit rund 50 Millionen Jahren und sie sehen immer noch fast so aus wie früher. Von Weitem gleichen sie großen Wildschweinen, sind aber mit Nashörnern und Pferden verwandt. Heute gibt es nur noch fünf Arten, die in den Anden leben, aber auch im Flachland Südamerikas.

> Im Leben geht es IMMER rauf und runter! Gut, böse etc. gibt es in der Dualität. Gehe aus dem Widerstand heraus und so wieder in den Flow (alles fließt zu dir).

Taube

Die Taube steht seit Jahrtausenden für dreierlei: einmal als Friedensbotin, zum anderen als Symbol für Liebe und Treue, weil ein Taubenpaar bis ans Lebensende zusammen bleibt und schließlich für Unschuld. Zudem wurde sie zur Überbringerin guter Nachrichten, als sie Noah mitteilte, dass Land in Sicht war.

> Multitasking ist angesagt! Beides oder auch vieles gleichzeitig ist möglich! Aber schnell umzuschalten – das ist der Rat der Taube.

Tauchente

Tauchenten liegen schon beim Schwimmen sehr tief im Wasser. Sie suchen ihre Nahrung beim Tauchen oder Schwimmen unter Wasser und haben deshalb einen geringeren Auftrieb. Beim Gründeln spüren sie ihre Beute mit Tastsinneszellen mit dem Schnabel auf, da sie unter Wasser nichts sehen.

> Du hast jetzt eine Möglichkeit, an den Grund einer Frage oder eines Themas zu kommen! Es gibt kein richtig oder falsch. Liebe und Geld sind Energien, die frei fließen werden!

Tausendfüßer

Das Gliedertier kommt fast weltweit vor. Er braucht Feuchtigkeit und Dunkelheit und lebt daher unter morschem Geäst, im Unterholz oder im Kompost. Allerdings besitzen Tausendfüßer nur sehr selten tatsächlich 1.000 Füsse.

> Wen oder was lässt du an dich und damit in dein Leben? Hattest du eine bizarre Begegnung und bist perplex? Achtung: dies ein Spiegel deines Inneren!

Teichhuhn/Teichralle

Teichhühner können sich gut verstecken, schwimmen aber auch auf offenen Wasserflächen. Fliegen ist nicht so sehr ihre Sache und sieht wegen der flatternden Flügel eher aus wie ein Fluchtversuch. Dafür können sie dank ihrer langen Zehen gut klettern. Die Männchen suchen zur Paarung vor allem gut genährte Weibchen und bauen mit ihm oft drei Nester: Eins zum Werben, eins zum Brüten und eines als Zweitwohnsitz für die Eltern.

> Fühlt sich etwas in deinem Leben nicht ganz rund an? Wenn du mehr oder andere oder Neues möchtest, dann bedingt das, dass du deine Komfortzone verlässt und dich auf das Abenteuer Leben einlässt!

Temminckstrandläufer

Er ist ein Brutvogel des Nordens und kommt bis nach Sibirien in Feuchtgebieten vor. Im Winter zieht er südwärts. Er ist nur so groß wie ein Sperling und farblich sehr gut getarnt.

> Hältst du dich selbst klein und bedeckt?
> Entdecke deine andere Seite und sprenge deine Grenzen!
> Da liegt noch so viel mehr in dir! Trau dich!

Terekwasserläufer

Er ist zwar nach dem Fluss Terek benannt, kommt dort aber nicht mehr vor. Am liebsten hält er sich in der Nähe von Flüssen und Seen weit im Norden auf. Wenn das Männchen sein Revier verteidigen muss, läuft es geduckt und laut schrillend drohend auf den Gegner zu und es kann zu erbitterten Kämpfen kommen.

> Erhoffst oder erwartest du Unterstützung von Oben oder
> Außen? Bitte und dir wird gegeben!
> Schaffe dafür Klarheit in dir, ob du wirklich von ganzem
> Bewusstsein und Unterbewusstsein genau das haben möchtest!

Thorshühnchen

Es verdankt seinen Namen dem nordischen Gott Thor und hat passenderweise seine Brutgebiete in Island und Spitzbergen. Anders als bei vielen Vögeln ist hier das Weibchen auffällig gefärbt und das Männchen kümmert sich alleine um die Brut.

> Hast du mehr erwartet? Bist du enttäuscht?
> Wenn sich Sturm legt, darf man zuerst für eine Neuordnung sorgen. Das benötigt Zeit und mehrere Aktionen.
> Halte aus! Neues ist bereits in Sicht!

Tiefseefisch

Tiefseefische leben im Meer unterhalb von 500 m und bei ca. 4° C. Dort herrscht vollständige Dunkelheit und bei vielen haben sich die Augen vollständig zurückgebildet.

> Jetzt geht es um die Schattenseiten in dir. Keine Angst, das ist nichts Schlechtes! Schatten muss Licht weichen – immer! Du hast die Möglichkeit auf Heilung auf tiefster Ebene!
> Lasse den Zauber geschehen!

Tiger

Der Tiger ist die größte und stärkste Raubkatze der Welt und fällt mit seinen schwarzen Streifen auf orangefarbenem Grund auf. Jedes Tier hat seine ganz eigene Zeichnung und ist daran gut zu erkennen. Tiger leben als Einzelgänger und sind äußerst freiheitsliebend.

> Du bist unverwechselbar! Ein Unikat! Du bist Gold wert! Bist du dir dessen bewusst? Lebst du deine Fähigkeiten und deine Berufung aus?

Tigerhai

Der nachtaktive große Hai schwimmt abends oder nachts bis in sehr flache Regionen und zieht sich am Tag wieder in die Tiefe zurück. Obwohl die Gefahr, gebissen zu werden, recht gering ist, zählt er zu den gefährlichsten für den Menschen, weil er gleich verschlingt, anstatt erst Probe zu beißen.

> Bei der Botschaft des Tigerhais geht es um die Trinität- Körper, Geist, Seele- die in Heilung gebracht werden möchte. Schmerz ist die Voraussetzung für Heilung! Nimmst du die Chance oder die Möglichkeit jetzt wahr? Oder wartest du auf die nächste?

Tigermoskito / Tigermücke

Die Stechmücke ist in den süd- und ostasiatischen Tropen beheimatet und stammt ursprünglich aus Neuguinea. Die Weibchen legen ihre Eier gerne in Autoreifen ab und kamen mit Reifenimporten in die USA. Inzwischen ist sie schon in Italien angekommen und es ist eine Frage der Zeit, wann sie sich auch bei uns niederlässt. Sie kann eine ganze Reihe gefährlicher Krankheiten übertragen.

> Wie gehst du mit Gefahr um? In die Starre, den Schutz, den Angriff? Angst ist nicht real! Furcht und Gefahr schon! Schütze dich vor Fake News! Mache dich wehrhaft! Recherchiere gut!

Tigerschnegel / Tigernacktschnecke

Die Nacktschnecke stammt aus Süd- und Westeuropa, hat sich aber inzwischen in ganz Mitteleuropa ausgebreitet. Allerdings ist sie ein bewährtes Mittel gegen den Befall mit roten Nacktschnecken, da sie sich über deren Gelege hermacht.

> Hast du dir etwas oder jemanden eingeschleppt und für ein Übel gehalten? Du hast nur die halbe Wahrheit gesehen! Es ist nicht böse, sondern gut! Wenn du es zulässt, wird dir geholfen!

Tintenfisch

Die Meeresbewohner haben einen Tintenbeutel, aus dem sie bei Gefahr ein Sekret ausstoßen können, das sie quasi unsichtbar macht. Sie können sich farblich an den Untergrund anpassen, was sie ebenso wirkungsvoll vor Entdeckung schützt. Er gehört zu den intelligentesten Meeresbewohnern.

> Wie unabhängig bist und lebst du? Abhängigkeit erzeugt Mangel! Du hast alles und immer genug! Du überraschst andere immer wieder mit deinen Facetten! Sei du selbst!

Trampeltier

Trampeltiere haben im Gegensatz zum Dromedar zwei Höcker. Sie laufen im Passgang und wirken dabei ausgesprochen abgehoben.

> Erde dich! Du bist gefährdet, dich zu verlieren! Rhythmus und Trance, um deinen Herzschlag wieder zu hören und zu spüren!

Trauermücke

Sie sitzen gerne auf der Erde von Zimmerpflanzen und legen dort ihre Eier ab. Die Larven werden im Volksmund auch »Heerwurm« genannt, weil sie zu Tausenden auftreten und Züge von vielen Metern Länge erreichen können.

> Hast du dich mit weniger zufrieden gegeben, als du wolltest? Hast du dich unter deinem Wert verkauft?
> Ok! Du lernst daraus und ehrst und achtest deinen Selbstwert! Niemand anderes ist dafür verantwortlich, sondern du ganz alleine!

Trogon

Sie gehören zu den buntesten Vögeln überhaupt und trotzdem sind sie in den Bäumen kaum zu finden. Besonders charakteristisch sind die leuchtend blauen Augen.

> Du bist mit einem blauen Auge davongekommen. Lass es nicht länger an dir nagen und zerren! Hast du die Lernaufgabe verstanden?

Truthahn

Der Truthahn ist die Wildform der Pute. Und wer hat nicht schon den Spruch »dumme Pute« gehört? Domestiziert wurden Truthähne von indianischen Völkern. Sie können bis zu 80 km/h schnell fliegen und bis zu 25 km/h schnell laufen.

> Hast du dich »dumm« verhalten? Ehre und schätze dich dafür und damit, denn auch das bist du. Vielleicht hast du jemanden imitiert, anstatt du selbst zu sein ...?

Turmfalke

Er kommt bei uns von allen Falken am häufigsten vor, und das hat seinen Grund: Er hat sich Städte und Stadträume als Lebensraum erobert und kommt dort offensichtlich sehr gut zurecht.

Sei bereit für eine Eroberung! Alles ist möglich, nichts ist unmöglich!

Turmkrähe

Siehe unter »D« wie Dohle.

Turteltaube

Sie sind ausgesprochene Langstreckenzieher und auch, wenn sich ein Paar gefunden hat, um lebenslang zusammenzubleiben, unternimmt es erst einmal wochenlange Ausflüge – wohl, damit man sich erst mal besser kennenlernt.

Bist du bereit, tiefe Liebe auszuleben und frei zuzulassen? Wenn du dich in einer Beziehung des Anziehens und Entfernen befindest, dann setze dich mit deinem SelbstWert aus! Was bist du wert und wer bringt dir das entgegen?

Tundra-Goldregenpfeifer

Er brütet in den Tundren Nordsibiriens und im Westen Alaskas, überwintert allerdings weit entfernt in Südostasien oder in Ostafrika. Sogar in Südkalifornien wurde er schon gesehen.

> Bist du hin und her gerissen?
> Antworten auf deine Fragen erhältst du, wenn du Klarheit in dir, in deine Gedanken, in deinen Emotionen und ganz allgemein in deinem Leben schaffst! Räume eins nach dem anderen auf und schaffe so eine Basis, worauf jeder Wunsch aufgebaut werden kann!

Türkentaube

Sie trägt ihren Namen, weil sie erst seit den 1930er Jahren aus dem Südosten bis nach Nord- und Westeuropa kam. Sie sind Kulturfolger und leben in Parks und Gärten, immer in der Nähe von Siedlungen. Ihr ursprüngliches Vorkommen reicht von der Türkei bis nach Japan.

> Welchen Lebenstraum hast du?
> Du kannst einfach jedes Ziel erreichen! Vorausgesetzt, du hast Mut, Durchhaltevermögen und setzt dir Zwischenschritte!

U

Uhu

Der Uhu ist die größte europäische Eulenart. Er ist nachts unterwegs und wartet geduldig auf Beute, um sie sekundengenau abzupassen und sich lautlos auf sie zu stürzen.

> Jetzt geht es um ganz Großes! Vernetztes Denken ist angesagt! Bist du bereit für den »richtigen« Moment? Er ist da!

Unke

Unken sind kleine, warzige Amphibien, die in allen möglichen Farben und Mustern vorkommen und gut ans Wasser angepasst sind. Bei der Paarung umklammert das Männchen das Weibchen nicht wie andere Amphibien an den Achseln, sondern in der Lendengegend. Bei Gefahr drehen sie ihren Bauch mit der bunten Warnfarbe nach oben.

> Eine kleine Änderung ist nötig für das Gelingen und das damit verbundene Vorwärtskommen. Was bekommt dir nicht gut? Sieh dir die kleinen Details an!

Ur

Siehe unter »A« wie Auerochse.

Vampirfledermaus

Vampirfledermäuse ernähren sich ausschließlich vom Blut anderer Säugetiere und Vögel. In Mythologie und Legenden finden sich viele Geschichten über Vampire, die Menschen ihr Blut aussaugen. So bekamen diese Fledermäuse ihren Namen aus den Sagengestalten, nicht umgekehrt.

> Bist du bereit für neue Informationen? Jemand ist bereit, sie dir zu geben! Bist du bereit sie anzunehmen?

Vaquita

Er ist der seltenste Wal überhaupt und einer der kleinsten. Er steht kurz vor dem Aussterben, nur noch weniger als 20 Exemplare sind übrig, weil sie in illegalen Fischernetzen als »Beifang« zu Tode kommen.

> Hast du Hoffnung auf etwas, das aber kaum mehr eintreffen kann? Wartest du auf ein kleines Zeichen, damit du weitergehen kannst? Hier ist es! Wunder geschehen immer dann, wenn du etwas sein lässt und deinen Weg weitergehst, also nicht mehr wartest.

Venusmuschel

Siehe unter »A« wie Auster.

Viper

Vipern gehören zu den Giftschlangen, von denen in Europa nur die Kreuzotter und die Aspisviper vorkommen. Ihr Biss ist zwar sehr schmerzhaft, aber nicht tödlich.

> Mache aus einer Möglichkeit eine Wirklichkeit!

Vogel

Vögel können sich praktisch überall bewegen. Auf dem Wasser, auf der Erde und – vor allem in der Luft. Sie steigen in die Lüfte und widerstehen scheinbar den Gesetzen der Erdanziehung. Seit Menschengedenken regten sie die Phantasie an, wie es sein müsste, sich genau wie sie frei in die Lüfte erheben zu können und alles Lästige hinter sich oder unter sich zu lassen.

> Wie frei oder unfrei bist du wirklich? Lässt du deinen Tagträumereien freien Lauf? Wo sind deine Gedanken? Erde dich regelmäßig, damit du hoch hinaus kannst!

Vogelspinne

Vogelspinnen fressen vor allem Insekten, aber auch andere Spinnen und Mäuse. Ihren Namen haben sie von der Malerin Merian, die eine Spinne auf einem toten Vogel malte. Die Weibchen werden deutlich älter (über 20 Jahre) als die Männchen (selten 13 Jahre), unter anderem, weil die Weibchen die Männchen mit einem Beutetier verwechseln und auffressen. Die Jungen wachsen in einem Kokon heran, aus denen sie nach einiger Zeit schlüpfen.

> Weibliche Urkräfte wollen gelebt und erlebt werden. Lege alte Schichten (Geschichten) ab und erlebe neue! Du schreibst große Geschichte, wenn du nur willst und zielstrebig agierst!

Wacholderdrossel

Sie liebt Wacholderbeeren und ist die bunteste aller Drosseln. Sie singen nicht besonders schön und meistens im Flug. Wer sich ihrem Nest nähert, kann eine böse Überraschung erleben, denn sie greifen jeden an, den sie nicht kennen.

Wirst du von anderen gehört? Wer zählt zu deinen engsten Vertrauten und wem vertraust du deine tiefsten Wünsche an? Erweitere dein Netzwerk und deine engen Vertrauten! Da ist noch mehr, was erfahren werden möchte!

Wachtel

Wachteln sind Feldhühner und kommen überall auf der Welt vor. Sie verbringen mehr Zeit am Boden als in der Luft. Die Küken folgen ihrer Mutter, wie auf einer Perlenschnur aufgereiht.

Erkennst du den roten Faden in deinem Leben? Er zeigt dir deinen Sinn im Leben. Folge deiner Be-Rufung!

Wachtelkönig

Er hat nichts mit Hühnern, geschweige denn mit Wachteln zu tun. Sie rufen in der Nacht ununterbrochen von Sonnenuntergang bis Sonnenaufgang, außer bei Regen: Dann rufen sie auch tagsüber. In Gefangenschaft piepen oder quieken sie jämmerlich.

> Bist du gerade am jammern? Findest keine Ruhe, weil die Gedanken in deinem Kopf so laut sind?
> Erinnere dich, wer du bist! Jammern ist völlig okay, aber es geht darum, aus dem Jammertal herauszukommen und wieder deinen Platz im Leben einzunehmen!

Wal

Schamanen trugen Walmasken, um für langes Leben zu bitten. Unsere Ahnen hielten ihn für einen Drachen, ein Seeungeheuer und er flößte den Menschen in ihren Booten wegen seiner ungeheuren Größe Angst ein. Bei den Inuit bleiben bis heute die Frauen, während die Männer auf Walfang sind, regungslos stehen, um eine Verbindung mit dem Wal einzugehen, damit er sich ihnen ergibt.

> Wie steht es um deine Gefühle? Bist du mit Hingabe bei jeder Emotion? Annahme und Hingabe sind der Schlüssel, um Gefühle fließen lassen zu können.

Waldameisen

Ein Waldameisenvolk kann an einem Tag über 100.000 Insekten einsammeln. Eine einzige kann das 30Fache ihres Gewichts tragen und wegschleppen.

> Pro Tag hast du ein gewisses Maß an Energie. Wie teilst du diese auf? Bedenke die anderen, aber auch dich!

Waldbaumläufer

Er ist einer der kleinsten Vögel Europas. Beständig huscht er die Baumstämme hinauf und hinunter, um nach versteckten Insekten zu suchen.

> Lässt du dich leicht ablenken? Schweifst du von einem Gedanken zum nächsten?
> Konzentriere und fokussiere dich! Eins nach dem anderen und vergesse die Pausen nicht!

Waldkauz

Im Mittelalter galt er als Totenvogel, weil er auffallend oft zur Stelle war, wenn jemand starb. Auch der Ruf des Weibchens wurde als »Komm Mit« gedeutet und man stellte ihnen nach. Dabei stellte er nur den Nachtfaltern nach, die dem Licht folgten, das in einer Nachtwache regelmäßig brannte.

> Du bist in der Heilung! Lenke deinen Fokus auf das bereits Geheilte, anstatt auf den Schmerz! Wie geht es dir? Wie geht es dir wirklich?

Walross

Es kommt in den eisigen Meeren der Nordhalbkugel vor und ist berühmt für seine langen Stoßzähne. Walrosse versammeln sich in großen Herden und kommunizieren in einem großen Repertoire an lauten Tönen.

> Wie kommst du mit Kälte klar? Herzerwärmung und Öffnung ist hier das Stichwort! Ein Lächeln, eine Umarmung, eine nette Geste sind wunderbare Eisbrecher!

Wanze

Wanzen kommen weltweit vor und erfreuen sich nicht allzu großer Beliebtheit. Sie gelten als lästig, vor allem, wenn sie sich in unseren Betten einnisten und Blut saugen. Sie können Krankheiten übertragen und richten Schäden an Kulturpflanzen an.

> Du bist schön! Trage dein Licht und deine Wärme in alle Herzen! Kannst du diese Aufgabe annehmen?

Waran

Warane sind ebenso faszinierend wie gefährlich, denn sie können sich mit Gift und Krallen verteidigen. Sie erinnern sehr an Dinosaurier, von denen sie indirekt auch abstammen.

> Was raubt dir immer wieder Lebenskraft? Bist du nah am Aufgeben? Gib ab und nimm an, was zu dir möchte!

Warzenschwein

Es sieht aus wie ein flachgedrücktes Wildschwein mit zu großem Kopf. Aber wie alle Schweine dieser Welt gilt es als Glücksbringer. In den Geschichten der afrikanischen Folklore hatte es ganz schön Glück, als es sich vor einem Löwen retten musste, dabei in ein Stachelschwein fiel und so seine Warzen bekam.

> Über Glück und Unglück entscheidest du allein! Bist du bereit, Verantwortung zu übernehmen? Raus aus der Opfer-Retter-Täter-Rolle und ins bewusste Schöpfen!

Waschbär

Der Waschbär hat von Amerika aus auch Europa erobert und sich als Allesfresser hervorragend angepasst. Angeblich wäscht er alles, was er an Nahrung findet. Bei den Azteken hieß er »der, der alles in die Hände nimmt«. In indianischen Legenden wird er als Gauner beschrieben, der alle anderen austricksen kann.

> Geld und Liebe sind nicht voneinander getrennt! Das eine schließt das andere nicht aus! Bist du bereit für die Vereinigung?

Wasserläufer

Er hat sich auf fließende Gewässer spezialisiert und kann auf der Wasseroberfläche laufen, braucht also keinen festen Boden unter sich, um vorwärts zukommen.

> Trumpf! Und wenn alles um dich herum weg bricht, wisse: Es formt sich nur neu!

Wasserschildkröte

Sie sind schon uralt und leben seit jeher als Einzelgänger in Flüssen, Bächen und Seen. Bei uns ist nur die Europäische Sumpfschildkröte zu Hause.

Auf geht's! Du bist nicht für ein Tümpeldasein bestimmt! Bereit für das Abenteuer, das große weite Meer?

Weichkäfer

Sie haben keinen so harten Panzer wie andere Käfer und leben entweder räuberisch oder von Pflanzen. Zur Abwehr sondern sie bei Berührung eine Flüssigkeit ab, was auch Reflexbluten genannt wird, die übelriechende Substanzen enthält.

Sind bei dir Geben und Nehmen im Gleichgewicht? Bist du jemand, der eher zu viel gibt oder zu wenig?
Die Mischung und Abwechslung macht es aus! Nehmen ist genauso wichtig wie geben! Unterschätze die Kraft von Annehmen nicht! Es ist eine Voraussetzung, damit Geben und Nehmen im Flow sind!

Weichtier

Zu den Weichtieren gehören alle Schnecken, Muscheln und Kopffüßer. Vielen von ihnen ist gemeinsam, dass sie ihren verletzlichen Körper in einer schützenden Hülle verbergen und sich darin zurückziehen können.

Bist du in einem Konflikt mit deinen inneren Kräften? Deine Sanftheit kannst und darfst du ausleben, weil du im Inneren stark bist! Liebe in allen Formen und Varianten.

Weinbergschnecke

Weinbergschnecken kennen viele aus dem Restaurant mit leckerer Knoblauchbutter. Aber es lohnt sich durchaus, sich näher mit ihnen zu beschäftigen. Das Häuschen, das sie immer mit sich tragen, schützt sie vor Feinden. Sie können bis zu 20 Jahre alt werden. Anders als die Nacktschnecke, sind sie reine Vegetarier. Da sie zweigeschlechtlich sind, können sich die Partner gegenseitig befruchten – sehr ökonomisch. Beim Liebesspiel hüllen sie sich in einen schaumigen Film ein und vergessen die Welt.

> Wie verletzlich bist du und hast du auch ein »Häuschen«, das dich schützt? Kannst du dich tief auf etwas einlassen? Wie steht es um deine Existenz? Erkennst du deine Muster und deine Glaubenssätze? Genießt du die Freude und Fülle in deinem Leben? Kümmere dich um deine Sinnesorgane und gönne dir etwas!

Weißer Wal

Siehe unter »B« wie Belugawal.

Weißling

Weißlinge sind nicht nur weiße Schmetterlinge, wie unser kleiner Kohlweißling. In der Biologie werden alle Tiere oder Pflanzen so genannt, die normalerweise anders gefärbt sind. Ein Synonym ist Albino.

> Denkst du manchmal: Das sollte ich nicht denken! Was für schmutzige Gedanken ich doch habe!
> Jeder Gedanke hat seine Daseinsberechtigung, denn alles ist ein stetiger Lern- und Entwicklungsprozess!
> Achtsamkeit ist angesagt! Setze dich mit dir auseinander. Hinterfrage und beleuchte einfach alles!

Wellenläufer

Sie verdanken ihren Namen der besonderen Angewohnheit, mit herunterhängenden Beinen dicht über dem Wasser zu gleiten und mit den Füßen ins Wasser einzutauchen. Sie waren wohl auch Namensgeber für die Trilogie von Kai Meyer, in der Munk auf dem Meer gehen kann und davon träumt, ein Pirat zu werden.

> Spürst du eine Unruhe in dir? Hast du ein komisches Bauchgefühl?
> Im Leben geht es darum, die Aufs und Abs anzunehmen! Wenn du in negative Gedanken gehst, hilft das weder dir noch anderen! Annehmen und tragen lassen, tun, was du tun kannst und abgeben, was du abgeben kannst.

Wespe

Besonders im Sommer treten die schwarz-gelben Insekten gefühlt in Scharen auf, um uns am Frühstückstisch zu belästigen, und können auch schmerzhaft stechen. Viele vergessen dabei, wie wichtig die Wespe im Naturhaushalt ist.

> Zweifelst du an der Daseinsberechtigung oder dem Sinn von jemandem oder etwas? Gott, das Universum (wie auch immer du die höhere Macht nenne magst) macht keine Fehler ...!

Wiedehopf

Er wurde 2022 zum Vogel des Jahres erkoren und sieht mit seinem schwarz-goldenen Kopfschmuck aus, als käme er direkt aus der Punker-Szene. Er liebt warme Regionen und verbringt den Winter lieber in Afrika.

Welche Ansprüche stellst du an dich selbst? Setzt du die Messlatte eventuell zu hoch?
Sei nicht so streng mit dir!
Gehe in die Dankbarkeit für alles, was dir gut gelingt und wo du zufrieden mit dir bist. Dann weite dieses Dankbarkeit mehr und mehr aus!

Wiesel

Der kleine Marder ist bemerkenswert schnell und ist bei uns beliebt, weil er unter anderem auch Ratten jagt, die er bis in den hintersten Winkel ihrer verzweigten Bauten verfolgt.

Manchmal gibt es ein System, in dem du dich zurechtfinden kannst! Der nächste Schritt formt und weist den Weg!
Sei wach und vertraue deiner Intuition!

Wild

Das Wort bezeichnet einerseits alle Tiere, die nicht domestiziert sind, aber gejagt werden, andererseits alles, was ungezähmt ist.

Wofür brennst du? Was ist deine Leidenschaft? Es geht hin und her, auf und ab. So spielt das Leben!

Wildgans

Bis heute werden Gänse als Haustiere gehalten, ob als zukünftiger Gänsebraten oder als Bewacher. Dennoch kommt es immer wieder vor, dass sie sich im Herbst, einem inneren Drang folgend, nach Süden aufmachen.

Stell dich ein auf einen Ausbruch! Sprenge Grenzen! Alles ist möglich, nichts ist unmöglich! Mut hast du! Arbeite an deinem Durchhaltevermögen!

Wildtaube

Kaum ein anderer Vogel war dem Menschen durch alle Zeiten so nah wie die Taube. In der klassischen Antike galt sie als Verkörperung vieler weiblicher Eigenschaften. Vor allem die weiße Taube war der heilige Vogel der Liebesgöttin Aphrodite und der römischen Göttin Venus.

Wie steht es um deinen heiligen Raum? Schnelligkeit ist gefragt! Nimm deinen Platz ein! Alles ist da und passt!

Wintergoldhähnchen

Mit fünf bis sechs Gramm Gewicht ist er der kleinste Vogel Europas und befasst sich tagsüber vor allem damit, genug Nahrung zu finden.

Willst du mehr?
Schaffe Klarheit in deiner rationalen Gedankenwelt! Du kannst alles schaffen, wenn du wirklich willst! Mentale Stärke erreichst du, wenn du Klarheit mit und in dir selbst hast! Zuerst im Innen -dann folgt das Außen von allein.

Wolf

In der Vorstellung der meisten wird der Wolf als gefährlich und bedrohlich angesehen und er ist in Märchen grundsätzlich der »böse« Isegrim. Er steht an der Spitze der Nahrungskette und ist auch in Gefangenschaft nur bedingt zu zähmen. In der christlichen Welt wurde er als Verderber der lammgleichen Unschuld gesehen. Auf der anderen Seite steht die mythische Wölfin, die die ausgesetzten Zwillinge Romulus und Remus nährte. Geri und Freki sind die Gefährten Odins. Eine widersprüchliche Vorstellung, die sich bis heute erhalten hat.

> Hast du Angst vor deiner wahren Identität? Nicht alles in dir möchte gezähmt werden! Mache dich auf die Spur deiner Vorfahren und erfahre, wer du wirklich bist!

Wollmaus

Siehe unter »C« wie Chinchilla.

Wombat

Er hat seinen Namen aus der Sprache der Aborigines und ist in Australien zu Hause. Er wirkt zwar etwas unbeholfen, kann aber 40 km/h schnell rennen und ist ein unermüdlicher Baumeister und baut Höhlen von bis zu 20 Metern Länge und über drei Metern Tiefe.

> Sei hartnäckig und bleibe dran! Großes Glück kündigt sich an, wenn du dich deinen Gefühlen hingibst!

Wühlmaus

Die kleinen Nager können pro Jahr drei bis vier Würfe aufziehen und sich für uns schnell zur Plage entwickeln. Sie leben gerne dort, wo sie problemlos ihr verzweigtes Gangsystem anlegen können.

> Ist dir etwas zu viel, ziehe dich zurück! Du darfst dir deine »Für mich«-Zeit nehmen! Das hilft dir und allen anderen!

Wurm

Der Wurm – besonders der Regenwurm – ist der unterirdische Landarbeiter, der meist unbemerkt sein Werk verrichtet und alles organische Material in fruchtbaren Humus verwandelt. Früher dachte man, dass der Wurm direkt aus Erde entsteht, und brachte ihn mit Tod, Verwesung und dem Zerfall von Leichen in Verbindung, was so weit führte, dass die Menschen Angst vor der Beerdigung hatten. Hinzu kam die Verachtung gegenüber diesem »kriecherischen« Wesen.

> Was oder welchen Plan darfst du verabschieden? Es geht darum, Platz zu schaffen, damit Neues entstehen kann.

Wüstenspringmaus

Die kleinen Hüpfer sind nachtaktiv und schützen sich tagsüber in ihren Bauten. Sie können bis zu einem Meter hoch und mehrere Meter weit springen und legen bis zu 14 Kilometer am Tag zurück. Der Sprung rettet sie auch oft vor Feinden.

> Du schätzt einen Kampf falsch ein! Es ist bloß eine Rangelei, ein Kräftemessen! Gehe spielerischer damit um!

Wüstensteinschmätzer

Er fällt besonders durch seine aufrechte Haltung und die langen Beine auf. Zu Hause ist er in der Sahara, auf der arabischen Halbinsel und in Zentralasien, kommt aber hin und wieder als sogenannter »Irrgast« zu uns zu Besuch.

Woher holst du neue Inspirationen? Bist du bereit für Neues? Willst du Neues?
Dein Wille geschieht! Immer! Gehe dafür in dein Unterbewusstes und betrete Neuland!

Wüstenwarzenschwein

Das Wüstenwarzenschwein gehört zu den sogenannten Echten Schweinen und wird in der Zoologie als verwandt mit dem »Eigentlichen« Warzenschwein geführt, weil es wie dieses charakteristische Warzen am Kopf trägt.

Was ist echt und authentisch? Authentisch ist nur der, der in seiner Mitte und Balance ist! Weg mit allem, was nicht wirklich du bist.

Xenopus

Er gehört zu den sogenannten Krallenfröschen und sein Synonym ist in der Zoologie angeblich nicht mehr gültig. Er ist ein sehr beliebtes Opfer für Forschung und Lehre und wird deshalb auch als Apothekerfrosch bezeichnet.

> Es geht um die Themen Lüge und Notlüge – beides ist nicht nötig, wenn du zu dir und deiner inneren Wahrheit stehst! Lebst du dich aus?

Yak

Yaks sind soziale Tiere, die eng zusammenbleiben, sehr wachsam sind und sich gegenüber Wölfen geschlossen verteidigen und sie zuweilen sogar töten.

> Rede laut und deutlich! Sei bereit, gehört zu werden! Besiege und beschwichtige Konflikte mit Anderen und erhalte so Akzeptanz.

Z

Zahnkarpfen

Die lebendgebärenden Süßwasserfische haben als einzige Karpfen Zähne, mit denen sie Algen und andere Pflanzen abrupfen können.

> Druck erzeugt Gegendruck! Eine Idee oder ein Angebot ist weiter entwickelt, als du denkst ... Was sagt dein Herz dazu?

Zander

Er ist der größte im Süßwasser lebende barschartige Fisch Europas. In seltenen Fällen wird er bis 1,30 m lang und erreicht dabei ein Gewicht von bis zu 19 kg.

> Raubt dir etwas deinen letzten Nerv? Bist du gestresst? Stress heißt: zu viel von etwas! Alles Extreme ist zu viel und demnach Stress! Es geht um ein gesundes Mittelmaß, die Balance zwischen zwei Dingen. Finde deinen ganz persönlichen Weg und dein Maß!

Zaunkönig

Er ist so klein und doch so selbstbewusst und erstaunt durch seinen lauten Gesang. Die alten Kelten behaupteten, wer im Zeichen es Zaunkönigs geboren sei, könne höher fliegen als der Adler.

Habe eine positive Einstellung zum Leben, dir selbst und einfach allem! Wo dein Fokus ist, ist deine Energie! Ready für die Meisterschaft: Eine Meisterschaft ist geboren!

Zebra

Zebras sind Steppenbewohner Afrikas, ständig in Bewegung auf der Suche nach den nächsten Weidegründen oder auf der Flucht vor Feinden und legen lange Strecken zu den nächsten saftigen Wiesen oder Wasserstellen zurück. Die Frage, ob sie weiße Streifen auf schwarzem Grund oder schwarze auf weißem Grund haben, klärt sich, wenn man ihre Haut betrachtet: weiß auf schwarz.

Hast du den Fokus auf der Schnelligkeit im Vorankommen? Dann gehe alleine! Willst du erfolgreich sein, dann geht das nur gemeinsam!

Zebrafink

Der Zebrafink verdankt seinen Namen der gestreiften Zeichnung an der Kehle, ist bei uns ein beliebter Ziervogel, stammt aber ursprünglich aus Australien.
Was oder wo liegt der Ursprung deiner Gedanken? Sie führen in dein Inneres und wollen wahrgenommen werden!

Zecke

Zecken sind Spinnentiere, die Säugetiere befallen, um ihnen Blut auszusaugen. In vielen Gegenden sind sie inzwischen dafür berüchtigt, gefährliche Krankheiten zu übertragen.

> Es geht um eine Sinnfrage! Du alleine entscheidest, ob etwas Sinn macht für dich! Entscheide bewusst, was du willst und was nicht! Manches ist als Test oder Trigger gedacht und du darfst lernen, deine Energie abzuziehen.

Ziege

Sie ist verwandt mit dem Schaf, dem Steinbock und der Kuh, ist genügsam und ausdauernd und gilt als eigensinnig. Im Volksmund wurde sie mit wenig schmeichelhaften Kommentaren bedacht wie Zicke, Meckerliese und alte Ziege, dabei ist sie doch mit so wenig zufrieden. Der Blick in die Augen einer Ziege vermittelt etwas Unheimliches und sie wurden zusammen mit dem »Bockhuf« als ein Attribut des Teufels gesehen. Der wilde, lüsterne Ziegenbock inspirierte die Figur des griechischen Gottes Pan.

> Was bedeutet Stolz für dich? Hast du den Blick für das große Ganze, oder verharrst du im Stillstand?

Ziesel

Ziesel gehören zu den Erdhörnchen und bauen zwei Arten von verzweigten Bauen mit verwirrenden Haupt- und Nebeneingängen, von denen einer dazu da ist, sich zurückzuziehen und ihre Jungen zu schützen.

> Verteidigst du dich und deine Liebsten? Wie? Gibt es vielleicht einen anderen Weg, einen freundlicheren?

Zistensänger

Er ist ein Insektenfresser, der vor allem in Afrika lebt und wird, weil er so klein ist, eher gehört als gesehen.

> Um welche Urthemen kreisen deine Gedanken?
> Das, was du dir vorstellen kannst, das kannst du auch umsetzen!
> Wenn du das Gefühl hast, alles steht still in deinem Leben und nichts geht voran, dann merke; Stillstand gibt es nicht!
> Lasse deinen Gedanken und Visionen freien Lauf!

Zitronenfalter

Wenn Pechmarie schwarz ist, dann ist dieser Schmetterling Goldmarie, mit seinen leuchtend goldgelben Flügeln.

> Es lebe das Leben und die Liebe! Ob Goldmarie oder Pechmarie entscheidest du allein bewusst und unbewusst!

Zitronenzeisig

Hoch über dem Boden errichtet der kleine gelbe Fink sein Nest, um sich und seine Jungen zu schützen.

> Wo ist dein Rückzugsort und bei wem? Erschaffe dir deinen Wohlfühlort in dir und du wirst dich immer geborgen fühlen. Harte Zeiten lehren dich, auszuhalten. Nach jedem Regen folgt Sonnenschein. Das ist der Kreislauf des Lebens.

Zitteraal

Wie stark der Zitteraal seine elektrische Energie entladen kann, um Beute zu lähmen oder Feinde zu vertreiben, hängt stark von der Leitfähigkeit des Wassers ab, in dem er lebt.

> Wirst du abgelenkt? Es hängt alles von deinem Lebensplan, deiner Aufgabe und deiner Berufung ab!

Zuckmücke

Siehe unter »T« wie Tanzmücke.

Zwergadler

Der gestiefelte Adler zeigt sich im Flug wie ein Mäusebussard. Er ist ein ausgesprochener Zugvogel und verhält sich im Brutgebiet sehr zurückhaltend und wird deswegen oft nicht erkannt.

> Wann lebst du deine tiefen inneren Persönlichkeitsaspekte richtig aus? Was brauchst du, damit du aus dir heraus kommst?
> Trau dich! Sei, wie du sein möchtest! Alles und noch viel mehr ist möglich!

Zwergdommel

Sie ist die kleinste europäische Reiherart und bei uns nur noch selten zu beobachten. Bei Störung nimmt sie die Pfahlstellung ein, bei der sie Hals und Kopf gerade nach oben streckt, um sich so zwischen dem Schilf zu tarnen.

> Unterdrückst du einen Gedanken in dir, der immer wieder hochkommt?
> Verdrängen nutzt nichts! Sei mutig und wisse, dass du jederzeit beschützt bist!

Zwerghamster

Niedlich, die kleinen Nagetiere. Aber wehe. Auch sie zeigen deutlich, wenn sie gestresst oder wütend sind oder sich bedroht fühlen. Dann knirschen oder klappern sie mit den Zähnen, fiepen laut, wenn sie Schmerzen haben oder fauchen als Ankündigung eines Angriffs.

> Was bringt dich zum Kochen oder zur Wut? Es ist ein einziger Tropfen, der das Fass zum Überlaufen bringt! Zu viel ist zu viel! Wo ist dein Ventil?

Zwergohreule

So winzig der Vogel selbst ist, so winzig ist auch sein Bestand bei uns. Sie sieht aus wie ein kleiner Teufel, wenn sie ihre Hörner aufstellt. Die Zwergohreule jagt stets nachts und schlägt lautlos zu.

> Hast du den neu in dir entstehenden Gedanken bereits wahrgenommen? Verdränge ihn nicht, sondern gehe in die Stille und horche genau!
> Lasse dich nicht ablenken und gehe zielstrebig weiter!

Zwergsäger

Zwergsäger sind kleine Entenvögel und die auffälligsten und schönsten nordischen Wintergäste bei uns. Seinen Namen haben sie von ihrem schlanken, an den Kanten gesägten Schnabel.

> Was beschäftigt dich gerade und worum drehen sich deine Gedanken?
> Schaffe Klarheit in deinen Gedanken, damit du wichtige Details wahrnehmen kannst! Du darfst zuerst Platz schaffen, damit Neues entstehen und Platz einnehmen kann!

Zwergsultanshuhn

Ultramarin, grün, weiß, roter Schnabel mit gelber Spitze, blaues Stirnschild und lange gelbe Beine – wahrhaft auffällig. Es watet im Wasser umher, läuft über Seerosenblätter und klettert in Büsche. Fast ein Alleskönner.

> Wohin führen dich deine Gedanken? Welchen Visionen gibst du freien Lauf?
> Etwas in dir möchte weiter! Über die Grenzen hinaus! Großes erwartet dich! Du findest Antworten in Meditationen (Gedankenstille) oder in ruhigen, entspannten Momenten.

Zwergtrappe

Sie ist die kleinste Art aus ihrer Familie und kommt jetzt nur noch im Osten Mitteleuropas, als sogenannter Irrgast vor. Sprachlich haben sie sich selbst während der Balzzeit eher wenig zu sagen.

Hörst du dir selbst zu? Hörst du auf dich? Akzeptierst du dein ganz eigenes Sein und deine persönlichsten Gedanken? Es geht um einen ganz speziellen Gedanken, den du (noch) nicht zulässt. Höre ganz genau auf deine innere Stimmesie kennt den Plan!

Danksagung

Mein Dank geht an meine eigenen und an alle Tiere, die mich stets begleiten. Ob im Hier und Jetzt oder aus dem Jenseits heraus als Schutzengel oder Boten. Jedes ist ein Unikat und hat mich viel gelehrt.

Von ganzem Herzen danke ich meiner Schwester Steffi - ohne dich wäre dieses Buch wohl noch lange ein Traum geblieben.

Ein grosses Dankeschön, mein lieber Raphael, dass du mich auf diesem Weg begleitest und damit jeden Moment speziell machst.

Ich danke allen Unterstützerinnen und Unterstützern, Freundinnen und Freunden, Familie und Verwandte, die mich begleitet, ermutigt, zugehört und beraten haben. Danke für euer dasein und mit mir sein.

Ich bedanke mich auch bei all denen, die mir sagen, dass etwas nicht geht oder dass ich etwas, aus welchen Gründen auch immer, nicht machen soll - es ist mir mittlerweile eine Freude geworden, das Gegenteil zu beweisen.

Danke auch an meine innere Stimme, die immer lauter wurde und in kürzeren Abständen gepocht und darauf gedrängt hat, zu tun.

Herzlichen Dank und jetzt wünsche ich Dir viel Freude und Inspiration.

Jessica Vogt

Tierbotschaften

Tierbotschaften